文科省は、イジメを解決できるか？
民間教育白書

—

Can the Ministry of Education Really Deal with the Bullying Problem in Japan's Schools?

Recommendations from a Private Sector White Paper on Education

KEL 教育おしゃべり会 編

代表　　　　日下 和信 *Kazunobu Kusaka*
共同研究者　エルドリッヂ ロバート D　*Robert・D・Eldridge*
　　同　　　竹本 三保 *Miho Takemoto*

晃洋書房

要旨と Summary

　日本は、昔から「子弟の教育に精一杯の努力を傾けて来ました」。とりわけ明治期には、全国津々浦々に学校が作られ、識字率は100％で、全員が文字を読めました。その伝統で、国民のみんなが教育の大切さを理解し、教育に力を入れる文化を育てて来ています。

　そんな環境にもかかわらず、今、「日本の教育は危機的状況に陥っています」。幼稚園・保育園から大学まで、日本の全教育システムが、残念ながら「教育本来の役目を果たせていません」。何より深刻なことは、「学校内で、イジメ事件が頻発している」ことです。「イジメは、本来動物世界の出来事」で、教育施設内では「あるまじきこと」です。イジメを止めて教育の正常化を計らねばなりません。

　他面で教育が危機的状況に成っているのは、組織運営面での欠陥で、「教育界は決められない組織」だったのです。それ故、長年先送りされた問題が、現在表面に吹き出し混乱しているのです。

　この原因を探ると、戦後75年以上経た現在「文部科学省」は、教育界全体を統括出来なくなっています。それは文部省が自ら蒔いた種で、地方教育行政の権限を「日教組（または連携した同様の組合）」に譲り渡したための結果です。そのために「中央の指令が届かず」、ほぼ全国的に「司令塔無し状態」なのです。譲られた後、日教組は、地方教育行政権を我が物にし、時には文科省の通達等も歪めたり、無視したりしています。

他方、教育現場の各学校でも大きな問題があったのです。殆どの学校は、慣習的に「会議の過半数による議決」で意志決定をしてきたため、殆どの案件は「決まらずに“先送り”される」ことが続きました。決まらず決められないことを長年繰り返したため、「学校は、実質的に《決めない無責任体制》になっていった」のです。

　「司令塔無し・無責任体制」で来たなら、実質「無方針」のため、どんな組織もガタガタに成ります。その混乱状態の中でイジメが起きていて、無方針だから多くの学校が無策で対応出来ないのです。

　混乱の原因は、諸々の問題に対処する方針がないためで、この混乱を治めるには、対処の方針を決めて、実行出来れば良いのです。それで【提言①　船長型権限を持った校長が、今の教育を救う】を提案しました。外洋を航行する船の船長は、船内で起きる全てのことに一人で対処しなくてはなりません。そのために船長権限を行使して「船を正常運航させ、船内の秩序維持」を計っています。その船長の働きを真似て、決められる校長が、リーダーシップを行使して、「学校を正常化してもらう」のが狙いです。

　提言①で問題が解決すれば良かったのですが、困ったことに、教育界に、更に深刻な組織的欠陥があったのです。先にも触れましたが、教育界全体に「決められない文化」がはびこっていたことが解ったのです。「会議で、決まらない」のが常態化して、教育界は、「決められない文化」になっていたのです。それで、「教育界を決められる組織に」改変する必要があったのです。そこで【提言②　教育界に必要なもの⇒リーダーシップの考え方】を提案しました。教育界は、これまで「管理だけで」組織を動かしていて、実際にはリーダー不在で組織を動かすという間違いをしてきていたのです。

　そして、白書の最後に、「教育改革の長期展望」を掲げました。今後の日本教育の重大な問題点を箇条書きで示しコメントを少し付けました。中でも、日本が歴史的に大失敗している問題点に注目し、「共同責任で責任が曖昧になること等を、取り除く研究」をしたり、次世代の「世界から信頼されるための日本の教育の姿」を研究するよう要請しました。

English Language Executive Summary of Private White Paper on Education

Japan has always devoted itself to the education of its children. In particular, during the Meiji era (1868-1912), schools were established in every corner of the country, and the literacy rate reached practically 100%, meaning that everyone could read. With this tradition, all the people in Japan understood the importance of education and developed a culture that focused on education.

Despite this background, Japan's education is now critically underperforming. The entire education system in Japan, from kindergarten and nursery school to university, is not fulfilling its original role. Most serious of all is the frequent occurrence of bullying in schools. Bullying is essentially something that you would expect in the wild, not in a facility dedicated to education and improving oneself. We need to put a stop to bullying and fix the education system.

The reason why education is in such a poor state is due in large part to problems in organizational management. The education industry as a whole has become a body incapable of making good decisions, especially at critical junctures. Therefore, problems that have been postponed for years are now bubbling to the surface and causing confusion and chaos.

The Ministry of Education, Culture, Sports, Science and Technology (MEXT) has lost control of the education world today, more than 75 years after the war. In this, the ministry had sown its own seeds by handing over the authority of local education to the Japan Teachers Union and other similar unions, more focused on ideological struggles rather than educating the youth. Government directives do not reach the schools. Nationally speaking, a command structure is lacking. Since taking over the local educational administrative authority, the JTU often distorts or outright ignores the Ministry of Education's directives.

On the other hand, there were also major problems in the schools. Most of the schools have traditionally made decisions by majority vote at meetings, so most issues have had to be "postponed" without being decided. After a long period without a decision, schools have become irresponsible places where no decisions are actually made.

If you have a situation where there is no command structure, and no one responsible for decisions, then the result is in effect a lack of policy and direction. No policy and direction will cause any organization to fall apart.

One consequence of the chaos in the schools is the problem of bullying. The schools, without direction, thus have no policy to deal with this problem.

The reason for the chaos is that there are no policies to deal with the problems, and the only way to fix this confusion is to decide on a policy to deal with the problems and implement it. Therefore, this study has made the following recommendations: (1) A school principal who has the authority like that of a ship's captain can save the current education system. The captain of a ship sailing on the open ocean has to deal with everything that happens on board by him/her self. For this reason, he/she uses his/her authority to keep the ship running normally and maintain order on board. A school principal, imitating the responsibilities of the ship's captain to make decisions, should exercise leadership to "normalize" the school. If the problem is solved by this recommendation, the school will be able to return to normal.

However, there are serious organizational defects in the education world, infested as it is with a "culture of indecision." It has become the norm that decisions are no longer reached in meetings, and thus schools are unable to make swift decisions. Thus, it is necessary to make the education world into an organization that can make decisions. Recommendation (2), "What's Needed in the Education World?Leadership," seeks to do so. The education world has focused on organizational management rather than leadership. Organizations lack leaders who can move, motivate, and inspire the organization. Principals should not simply be managers: they need to be leaders.

This Private White Paper concludes with a "Long-Term Vision for Educational Reform." It lists some of the major problems in Japanese education with some commentary added. Among them, there is a particular need for further study on problems that Japan has historically failed to address, such as research by the next generation on "how to remove the ambiguity of accountability that results from shared responsibility" and "how Japan's education can be trusted by the world."

目　　次

前　　文

　日本民族は、縄文の時代から、国土が温帯にあり四方を海に囲まれ、水に恵まれ、農林水産と食料を得やすく、心豊かに暮らしてきました。外敵から攻撃されることも少なく、採集・農耕に勤しむことで、豊かに平和に暮らして来れたわけです。あちこちにある縄文遺跡は、海に面して、ある程度の広さのある丘陵（農耕地）を持っています。遺跡の語る生活史では、周辺で農作物を産し、食糧が得がたくなれば、海に貝を求めました。貝は、最後の手段でもありましたが、浅瀬を掘れば間違いなく、一年中貝が採れたのです。ミネラルたっぷりの海産物は、供給の安定した食料だったのです。このような環境で、農耕民としての協調の精神が育まれ、温暖湿潤な気候の土地で、日本民族の情緒が長年の年月を経て形成されてきました。

　日本民族の大きな特徴は、「自分よりも優秀なものには、素直に評価し取り入れた」という性質だと私は思っています。優秀なものは、喜んで取り入れ、違和感があるものには「自分の許せる範囲に変形して」取り入れるのが得意なわけです。それが日本文化の柔軟性と呼べるものでしょうか。

　そうと言えども、食料自給率の低い現在の日本は、安全保障上の弱点を持っています。自給率の低さをずっと以前から指摘されながらも、現在に至るまで改善されていません。この辺は、楽観的に軽

く考える日本の甘さが出ていると言えます。そんな弱点を知りつつ、今は本気で食糧の増産に励まねばならないところです。他方、自然界の営みを見れば、野生の動物は、自然から食料を与えられています。お金を払わずに、自らの命を保つための食料が与えられています。我々も、過去の生活様式に戻る覚悟さえできれば、日本のこの国土ならば自給自足の生活が出来ます。エネルギー多消費型の文明生活を諦め、原始の生活に戻ると覚悟するならば、この後の心配はあまりないのです。この現実をよく頭に入れて、今をどう生きるかが我々の生き方として問われるところです。

　外国がどう考えるかは解りませんが、ここまでの長い歴史から見れば、日本民族は、根っからの平和主義者と言えるでしょう。でもコロナ後の世界は、価値観が大転換しそうです。そんな世界の中で、「世界平和」を先導する日本でありたいと願うものです。世界に並ぶものが無い日本国2600余年の歴史と今後の日本社会のあり方としても「平和共存の文化」を世界に広める役目が日本に期待されているのではないでしょうか。

第1章　日本の教育の現状分析

「アッと驚くタメゴロウ」！。

古くさいセリフですが、ここから書き始めるしかないですね。それはどうしてか。それは、筆を進める内に「初め頭に描いていた日本の教育のイメージ」が二転三転してしまったからです。かなりの部分が、逆転するくらい解釈が変わる現状分析になったからです。まことにビックリなのであります。

おしゃべり会の議論をするまでは、長年一人の教員の立場でボンヤリと教育を観察してきたわけですが、議論が進むに連れて「私の考え方の枠組みが、大きく崩されてしまった」のです。会の当初、「不満の鬱積していた教育・教育界」に対して、かなり批判的に構えて参加していましたが、議論が進むに連れて、「教育を何とかしないと」という気持ちになって来たのです。おしゃべりを聞いてもらって憂さ晴らしをしよう位の気楽な気持ちで始めたものの、「思いの外に教育界が深刻な状況に陥っていること」が解り、ただのおしゃべりで済まなくなってしまったのです。そして遂には、この民間教育白書を書く必要に迫られてしまったのです。当初のグチは、「文科省に教育を考える理念が無い・現在の大学の不見識を情けな

く思う」という腹立ちの気持ちが中心だったのですが、分析を進めていくと、「腹立ちを作っていた表面の現象の更に奥の真相が垣間見えるようになって」、現在の日本の教育の病状の深刻さが浮かび上がり、愚痴っているだけで済まない現状が見えてきたのです。それで、スッカリ気持ちが変わってしまったのです。事態は、ウンと深刻なのです。

　しかし、幸い、その戸惑いを深く追求する中で、民間からの「今やるべき教育への改善提案」とまとまって来ましたので、お読み頂く値打ちができたと思うのです。

　もう一つ、この提言冊子は、お役所的堅苦しさを採りません。民間の開けっぴろげな、人なつっこさで迫ります。どうぞよろしく。

　教育への提言ということになれば、大きなビジョンを描いてみたいものですが、そんなロマンは浮かんできません。なぜなら、「現実の日本の教育は、ロマンとはほど遠く惨憺たるもの」で、学校の中でイジメが激発し、イジメが原因で幼い命を絶つケースも増えているからです。これを何としても止めねばなりません。ロマンよりも酷い現実が横たわっているのです。

　イジメを止めねばと、そうは言っても簡単なことではないのです。現実は、もっと深刻なのです。残念なことに、既に「イジメ自殺が起きてくる環境が出来上がっている」のです。何よりもそこが問題なのです。同様に「教育界でまさか？」と思うような出来事が、もう、かなり長期にわたって起き続けています。こちらも現在では激発しています。これらは、連動しています。この環境あって、まさかのことも、イジメ自殺も生まれているのです。この悪循環の実態

に目を背けることなく見つめ、しっかりとした対策を講じていかねばなりません。そうでなければ、事態は良くなりません。

　以下、関連がありそうな、無さそうな「現状」を縷々述べましょう。（網羅的に述べると切りがありませんので、重要度の高いものを取り上げるに留めます。悪しからず）

《イジメられないことが、最大の関心事なのです》

　現在、日本の義務教育は、「崩壊前夜」に在ると言わざるを得ない状況です。その象徴的なものが、「イジメの激発」です（イジメのない学校も例外的にありますが）。イジメは、教育現場に本来有るべきものではないのですが、もうかなり長く教育現場に起き続けています。親御さん達は、余り理解されていないようですが、小中高生徒の多くは、「自分がいじめられないこと」が、《学校生活での最重要課題》なのです。早い話、学校では、「勉強以前に」、イジメに備える必要があるのです。だから子供達は、周囲を観察し、自分の言動に最大限の注意を払っているのです。「勉強以前」に、いじめ対策が優先するのです。子供達の置かれているこの現実の環境のことを親達は、もっと素直に深刻に受け止める必要があると思われます。

　その現実を裏付けるようなデータが、文科省から出されました。2019年の１年間のイジメ事件の報告数は、文科省に積極的に報告せよとしたら61万件に達したのです。この数字は、悲惨な数値です。延べにして最低61万人の子供達がいじめられているという報告なの

ですから。隠せない数字だけを報告していた頃は、年間５千件くらいで推移していたのと比べると100倍のギャップがあります。100倍違うというのも異常でしょう。これまでイジメが表沙汰になったら、徹底的に隠蔽する教育界の体質だったのですが、進んで報告せよとなれば、これだけのイジメ事件が報告されました。この事実から言えることは、学校は、これだけのイジメ件数を認識しているということです。

《イジメと「イジメ自殺」、教員が加害者側に》

多数の子供達が、イジメを原因に、自殺しています。これをキチンと理解しなければいけません。

現在の「教育の異常事態」を象徴していると思われます。イジメが原因の自殺が急増しているのです。何とかして、イジメ事件を減らさねばなりません。大人の多くが、そう考えていると思われる中でも、なんと「教員（側）」が、イジメ事件を起こしているのです。加害者側になっているのです。さらに情けないことには「同僚教員にイジメをし、目にカレーを塗り込む事件」まで起こしているのです。加害者が教員側の事件が増えました。モラルのない教員が増加し、跋扈していると言える現状です。なぜ、常識的には考えられないような、そんな事件が起こるのでしょうか。？

《わいせつ犯の教員が、ぞろぞろ》

こんな事件を起こす教員は、子供を「性的変質者の目でしか眺められない」のではないでしょうか。何のために教員に成ったのでしょう。こんな人間は、自己矛盾を持った人間であって、とても教

育に従事する人間ではありません。即刻、教育界から追放すべき人間です。

しかし、今や残念なことに「多くの教員が、わいせつ行為で」罪に問われています。ナゼこんな事態になっているのでしょう（学校で犯罪が起きています。そして不正を止める雰囲気が学校内に欠けています。自浄作用も働かないのです）。まことに困った事態になっています。教育委員会からの通達や禁止事項が守られません。順法精神が希薄になっています。まるで教育界は、「アウトロー」社会なのでしょうか。今や「公立小中学校は、ブラック企業」と揶揄される始末です。

現在の教育体制では、「イジメが止められない」ところまで来ているのです。校長が逃げ、担任に責任を被せるだけでは、イジメは止まりません。「対処の方法を指示することもなく、責任をクラス担任になすりつけているだけでなのです」。管理職に当たる校長が、管理職・教育業務を放棄しているのです。イジメから逃げているのです。無責任校長と呼ばれても仕方がありません。

《ブラック企業》

そして今、教育現場は、社会から「ブラック企業」とみなされています。わいせつ犯罪の教員多発やイジメ、色々なハラスメントが、しばしば起きている学校は、「長時間労働」の点から見ても、まさに「ブラック企業」と言われる要素があります。全体ではありませんが多くの小学校では、読む人の居ない"授業報告書、日報"を長時間掛かって書かされています。子供と接する時間を削ってでも誰も読まない日報を書かされているのです。"授業報告日報"に長時

間（約１‒２時間）とられて、明日の準備をしていたら、学校を出るのが夜の９時10時だといいます。教育職としての少しの給料アップのために、超過勤務に手当が出ない仕組みなど、まさにブラック企業です。故に、「教員の成り手不足・人材難」になって来るわけです。

《授業にならないクラスも一杯》

　もう20年も前から起きていましたが、授業にならないクラスが出てきました。「学級崩壊」という言葉で呼ばれることも多くなっていました。ベビーブーマー世代の教員が辞めて、急速に若い先生が増えたこととも重なって、授業技術の未熟な先生が多くなり、子供達とのコミュニケーションが上手くいかないケースが増加しました。そうすると悪循環で「学級崩壊した先生は自信を無くしますし、子供達も信頼しなくなり」クラス経営が上手くいかなくなるのです。「学級崩壊」すると、代わりの先生がクラスに入るしかありません。ところが、ベテランが引き受けられる学校は、殆どないのです。ベテランもクラスを持っているからです。（20年位前は、校長・教頭等が崩壊したクラスに入りましたが）この頃ではしばしば、代わりに非常勤の講師が入ることも多いのです。こんな場合、非常勤の講師の多くは若い人で、授業経験の豊富な人は例外的になります。そうすると、既にこじれたクラスに入るため、状況を立て直せる力量が無いと、再度の学級崩壊ということになります。こうなるとクラスの建て直しにならない上、再度の学級崩壊で、頼れる先生がいない子供達が一方的に被害者になりかわいそうなことになります。

　そういう意味では、現在こそ〝新任の先生〟に、必要最低限の授

業の力量とクラス経営の力を付ける教員養成の必要があります。しかし、現状の教育環境では、それだけの能力を付ける教員養成は出来ていません。現状は、学級崩壊させた先生の能力アップも無理で、クラスの建て直しも余程良い条件に恵まれないと無理で、結局、多くの場合、学級崩壊させた先生は、再起のチャンスがほぼありません。その時公務員はクビに出来ないという原則を維持すると、学級崩壊させた先生は、「力量はそのままで他の学校に転勤させること」で、問題をうやむやにして処理してきました。そんな場合、次の学校でも、学級崩壊すれば、次々と転勤させて取り繕う人事が為されてきました。このことでも解るように、「学級崩壊」という一つの問題に対しても、これまでの学校では、全くもって「根本的解決をしようという気持ちがありません」。読まれたら解るように、この問題だけでも教育界の現状は、全然問題解決に向かっていないことになります。

　こんな状況をもたらして来たのは、長年の惰性的で、無責任な「問題への対処の積み重ね」にあると言えます。問題が起きてきても、根本的に対処することを避け、「見てみない振り」を重ねてきて、問題を無視してきたのです。そのような対応が積もりに積もって「こんにちが在る」というところです。昨今では、教育界は世間からとんでもないことを言われています。小中学校は、ブラック企業だと言われています。そんな評価の故に、教員のニーズは高いのですが、「教員の成り手不足」なのです。教員不足は、都市部で深刻になっています。沢山の不祥事で、教員希望者が少なくなり、都市部では非常勤講師も探せない教育委員会が沢山有ります。さらに

免許の更新制もこの状況の足を引っ張ります（最近、更新制廃止の
ニュースが出ました）。

《教員の能力アップに有効な対策無し》

　以上のように、教員需要は高くても、都市部では特に教員希望者
がいないのが現状なのです。

　これは、大変深刻な事態なのです。この状況を抜本的に改善する
ことが必要です。日本では教員は、実質かなり特殊な職業で、半月
から一ヶ月くらいの教育実習だけで、４月からベテランと同じ仕事
をしなければならないのです。多くの先進国の状況と比較すれば、
「これは、制度的欠陥」と呼んでも良い状況です。教育に熱心な国
は、新任教員が、スムーズに授業が出来て、子供との人間関係が良
好に行くような研修を国情に合わせて実施しています。ベテランの
指導教員も付けますし、予算的にも考えられています。それに対し
て、日本の現状は、旧来の方法をさらに手抜きしたような実状で、
お寒い現状でしかありません。有効性を失った「旧来の考え方に縛
られないで」、広く教員の能力アップを考え実施していかないと教
育状況は改善されないと思われます。今のまま放置するとさらに悪
化を続けると思われます。この問題も根の深い大事な問題と言えま
す。

　この事態に、現在の教育委員会はどんな対処ができますか、して
いますか。本来なら、教員の能力アップのために「実効の上がる教
員研修」を企画・実行しなければならないのですが、実際に「能力
アップ」に繋がっている研修が出来ている教育委員会は例外と言え
るでしょう。傍目には、「研修をしていると見せかけているだけ」

の研修でお茶を濁している教育委員会が殆どだからです。今のやり方では、本気でないので教員の能力アップは出来ないと思われます。少しでも実効のあるものにするには、研修会の講師に「実力ある人」が起用されないとダメです。また、半日くらいの研修で「教授のスキルが上がるものではないので」、指導者及び研修内容が抜本的に改められないと効果は望めないと思われます。普通の先進国では、有能な教員の確保に予算も組んでいるし、教員の能力アップにシステマティックに取り組んでいます。時間もお金も、優秀なサポーターも必要なのです。それが配慮されていない日本のシステムでは、成果が得られるように思えないのです。

《教育委員会の実態》

　一般人には、教育界の壁の中が殆ど見えないと思われます。そこで、私見ですが、私の長期間にわたって聞いた話、観察・推測してきた教育委員会の様子というものを紹介しておきます。

　教育委員会は、地方の教育行政を握っていると言えます。組織の建前上は、国の中央機関として「文部科学省」があり、その下に地方の教育行政を司っている「自治体下の教育委員会」があります。建前はそういう組織形態ですが、目下多くの自治体下の教育委員会では、教員と言うよりは、労働者・組合員の意識が強い「教育委員会幹部」が組織を実質支配しています。そのような教育委員会幹部達で、地方教育行政のほぼ全てのことが決められていると言えるのではないでしょうか。（ごく一部、例外の自治体もあります）。

　そして、残念なことに、彼ら幹部達の特徴的な価値観軸は、「反政府・反国家・強い権力意識（支配意識）が中心」で、教育を司っ

ているにもかかわらず、「教育への思い入れも、期待も薄いような
のです」。「子供達のためとか、人が喜ぶためとかの価値観軸」は、
殆ど感じられません。更に「なるべく働かない」ことを良いことと
思っていると思われます。よって、このような幹部の支配している
教育委員会では、学校や教育委員会の運営で「子供のためと言う観
点はほぼ無視され、左翼的で反政府であり、部下を支配すること
等」に関心が強く、文科省からの通達や連絡に対しても、幹部達の
検討後に組織的決定が為されることも多いのです。現状の義務教育
段階の公立学校の多くは、上に書いたような教育委員会の下部組織
に位置付けられていますので、幹部達の決定の結果が通達されるこ
とも多いのです。

　その現状に関連して、現在のイジメへの対応の異常さと「いじめ
る側に教員が居ること」に関しては、教育委員会の幹部達の対応が
大いに関係していて、事件を起こす教員達をかばう傾向さえ顕著に
あります。教育委員会幹部達の後ろ盾のある教員は、学校で「傍若
無人な振る舞い」に及ぶわけです。神戸の同僚教員イジメは、まさ
にこの代表的事例になります。それらの背景は、教育委員会の幹部
達の威を借りているわけです。このような状況から推測出来ること
は、「いじめる側に教員が居る」ケースでは、背後に教育委員会の
幹部達が居て、幹部達の意識では「イジメを起こしてはいけないと
思っていない」と推測出来る訳です。こういう事件を起こしている
教育委員会の幹部達は、支配欲が強く、常識的な人間関係での価値
観を超えている場合が考えられます。だから非常識な幹部が支配し
ている教育委員会にあっては、常識的に考えた時では「考えられな

いようなこと・非常識なことが起き続けている」のです。

　教育委員会のそんな事情を知る人から聞いた話ですが、各自治体で日教組の影響によって異なると思いますが、教育委員会から校長に指示の案が降ろされる前に、教育委員会は日教組の各団体に相談をしているとのことでした。地方教育委員会の多くは、日教組と密な関係にあるのです。

《教員の能力アップ研修》

　教員研修のうち、国が定めている法定研修で、各都道府県教育委員会が必ず実施しなければならないのは、「初任者研修」と「10年経験者研修」です。その他は各自治体の教育委員会に任されているため、「初任者研修」と「10年経験者研修」との間に、2年次研修（2～4年）や5年次研修等が各教育委員会の裁量で計画されています。

　また、受講時期は決められていませんが、主体的な校外研修が多くあります。例えば「授業力向上研修」「職に応じた研修」、「課題別研修」等では、（人権教育、支援教育、教育相談・生徒指導、ICT活用、教育課題等）があります。主として、夏季に行われる研修が多いです。

　「リーダー養成研修」としては、「管理職研修」「首席・指導教諭研修」等が、各教育委員会の裁量で年次計画に基づき、定期的に行われています。業務との関係で参加できない教員も出ますが、登録した者には資料が配布され、自学をサポートする教育委員会もあります。

《これまでの or 現在の大半の校長》

　校長の中には、定年前の数年を「上がりポスト」、つまり校長を名誉職だと勘違いしている人が少なからずいます（随分昔から、こういう校長に関する慣習的な考え方がありました）。そういう校長は、「無事の退職」を念じ、トラブルに巻き込まれたくない、何事も起こらないことを願っています。彼らはだから、守りの態勢を取り、「事なかれ主義」に徹しています。イジメ事件が起きても、最悪知らない振りを決め込みます。また「事なかれの校長は、自分で決めず、何事も教育委員会に相談し、そのお達しに従います」。そんな校長が今でも沢山居るのです。そういう校長は、教育委員会幹部と「持ちつ持たれつ」の関係が築けているのです。「教育委員会の言うままを行う校長」が、教育委員会として扱いやすいので、従来から、そういう人が、校長になってきました。事なかれ校長の多くは、部下の動向よりも教育委員会の動向が気になるヒラメ校長で「決断力」がありません。というよりも「決める気がありません」でした。些細なことの決定でも教育委員会の指示に委ねてきました。

　更に困ったことには、そんな決断できない校長が、生徒の親や地域の要望を「断ることなく責任の持てないままズルズル引き受けてきた」ため、学校が「よろず問題持ち込み処」になり、学校運営が無原則に成り、本来の学校業務さえ正常にこなせなくなってしまうケースがたくさん出ました。事なかれ校長の下では、決められないのに押しつけられて、ズルズル既成事実化するのです。

　こんな校長は、時代錯誤に生きていて、このような考えの人を校長にするべきではありません。

《こうなるにも事情あり》

　ただ、現状を是認するわけではないですが、こうなる要因が在るのも事実です。その多少言い訳が成立する事情を考えましょう。

　現在でも殆どの校長は、「学校組織を統率せよ」という命令は受けていないと考えられるのです。「学校という組織を何となく機能させていけば良い」という程度の義務を負わされているに過ぎないと思われます。そういう曖昧な業務をこなしているのが、これまでの校長という立場の役職なのです。こんな曖昧な役職では、現在の常識としての組織運営（目的実現のためにチームが連携して仕事をする）は出来ません。業務にふさわしい職権を持っていないからです。これまでの教育界では、校長に「学校という組織を任すのだけれど、統率というやり方でなく、"管理"という考え方の中で纏めて行けと言う文化」で来ているのです。その曖昧な組織運営手法に輪を掛ける難点が更にあります。

　それは、その中途半端な文化の反映と考えられますが、困ったことに学校の意志決定は、「職員会議」と称される教員のみが持つ議決権の過半数で決する方法で決めてきたのです。教員の半数が反対すれば、校長の意志を通すことは出来なかったのです。教育界全般にこんな文化で、「管理はありましたが、統率は無かった」し、「職員会議で決めてきた」のでなかなか決まらず、この文化の下では、強力な組織運営が出来なかったのです。こんな文化に浸りきった校長は、「一応の組織の長ではあっても、組織的には「極めて無力な状況」の中で組織を動かしてきた」のです。そのような現状を踏まえると、これまでの校長の立場では、組織運営という点に関して十分働き得ない立場だと言えます。

それ故、問題山積の学校を正常化の方向に持っていこうと考える
ならば、ここで校長の位置づけと職務を抜本的に見直し、任命制度
も含めて「校長の役職」全般を見直さねばなりません。（大阪では、
2013年以降、「校長が決定権を持ち、会議は伝達機関」という組織
原則が適用されて変わりつつあります）

《校長は、今でもリーダーシップを発揮出来るが》

　現在の制度上では、校長に「統率：リーダーシップを期待してい
ない」かも知れないわけですが、世間常識的に考えれば、「校長は、
その学校の長であり、責任者と見られて妥当な職位」だと考えられ
ます。この時、従来通りの校長であったとしても、ものは考え方で、
「職員会議の過半数で議決する」と言うならば、校長の考え方にメン
バーの過半数の賛成が得られるように持っていけば、「校長は、
学校の意志を形成することも可能」なわけです。そこが校長の積極
性で、会議に前向きに取り組むと、職員会議がリーダーシップの発
揮の場所になります。現行での与えられたわずかな権限を行使して、
アイデアとチャレンジで周囲の教員達に働き掛けて「過半数の賛同
を得ること」で、校長の思いを実現する方向に進めることができる
わけです。この積極性に気付くこと無く「旧来からの校長像」を是
認してしまったなら、無気力なお飾り校長としての立場に安住して
しまうことになります。その努力を放棄してしまうことは、今の世
間的（教育界以外の）価値観から言えば、組織の長としての責任の
回避ともいえましょう。前向きに責任を受け止める余地があるにも
かかわらず、「そんなことを考えもしない」校長が沢山居るのは大
問題です。そんな無気力で事なかれの校長は、まともに対処出来る

事柄まで逃げようとします。

　逃げないでイジメを止めることが、校長の一番の問題と思われます。

《現状分析〈小・中・高・大学の現状〉》
小中高の管轄

　小学校・中学校は市町村が管轄しますが、高等学校及び特別支援学校は都道府県が管轄しています。よって、小学校・中学校は地域と密着して様々な活動が行われていますが、高等学校は生徒が広い範囲から通学してくることもあり、地域と直接は結び付いていません。しかし、最近はコミュニティースクールが高校にも普及しつつあり、徐々に地域との密着を深めています。

　教育委員会は、都道府県にも市町村にも、それぞれあります。形式的には、市町村の教育委員会は、都道府県の教育委員会の下部組織に当たります。

小学校の現状

《小学校：読み・書き・そろばん⇒人間関係と社会生活の基礎を習得する》

　日本の初等教育の頑張りは、多分世界の模範と言えるでしょう。識字率は、ほぼ100％で、全国民が文字を読めるので、情報伝達が末端まで上手く行っているのです。この実績は、主に初等教育に負っており、「日本の民度の高さ」を維持することに大きく貢献しています。そういう意味では、トータルな日本は、初等教育が支えています。

教育面において、小学校は芸術科目を除いて、学級担任一人で全教科を教えることが原則となっていますが、昨今の小学校への多彩な学習の要望（英語やプログラミング、食育）に応えるには、従来の考え方では無理になって来ています。３年生からの教科担任制等を進めるべきだとの意見も出ています。

　部活動については、小学校では教員主導で実施され、授業（クラブ活動の時間）の中で行われています。鼓笛隊とか一部の活動は、放課後や土日にも行われています。

「中学校：社会人としての基礎教育」の現状

　社会人としての基礎教育（卒業時、自立した社会人に成れるように⇒大人としての社会関係が築けるための教育を）。「知・徳・体」＋「情報」＋「人間関係」＋「学校行事：儀式」・「部活」で習得する。

　元々、中学生は、思春期で気持ちの安定しない時期に当たります。とりわけ自我の発達が著しく、「他人と比較することの多い時期」にもなります。そのため、対抗心が強く、自尊心の未熟な子供は、腕白な生徒にいじめられやすい環境になります。こういう不安定な時期に「人間としてグンと成長するわけで」、しかしながら思春期はセルフコントロールが難しくなるわけです。そのような精神的事情を良く理解した上で、中学生と接する必要があるわけです。学習面でも難解な学習が増えるので、勉強が大変になります。だから教科担任制になります。

　中学で一応義務教育は終わりで、勉強の嫌いな子は、社会に出ることが許されます。その意味で、中学教育には、「自立した社会人」を育てるゴールという目標設定があるわけです。それ故、教育とし

ては「自立した社会人」として生活していけるための最低限の学習を終える必要があります。

　実際の中学生活では、教科の学習面以外で「学校行事」≒修学旅行、文化祭（学芸会）、体育祭（運動会）、音楽コンクール等を通して「社会の仕組みを学び、人間関係の大事さ」を体験を通して学ぶ機会を作っています。学校行事により、生徒が大きく成長するという側面があり、様々な学校行事は重要な役割を持ちます。中学校では、部活動は放課後にしっかり実施され、生徒指導の重要な部分を占めています。特に、体育会系は全国大会までつながっており、顧問の先生の負担はとても大きくなります。中学校でも部活は、教員主導ですが、事情によっては生徒会、学級委員等が積極的に関与する場合もあります。

高等学校⇒地球社会で生きる教養＋職業教育＋大学進学

　高等学校教育では、日本のこと、世界のことが理解出来るような学習が計画されています。高校の学びを熱心にすれば、「かなりの教養人」になれます。社会・世界理解面からすれば、そのような高度な配慮が為されています。別の面の配慮としては、職業教育があります。「技能職人の養成」で、手に職を持って職業人として生活を維持するという働きが意図されています。また、さらに勉強を進めるために、大学に進学するコースも考えられています。高校生の年齢になると、「自分の個性・特徴も理解出来るだろうし、長所を生かしてどう社会で活躍するか」も解ってきますので、自分の特徴を生かした人生を自分で構築出来るように配慮しています。

　そうは言っても、大学進学率の上昇で、高校生活の中で「大学入

試対応の学習」が比重を増してきています。しかし、現在の大学入試対策学習は、大幅に見直される必要があると思われます。高校が受験知識の獲得に注力すると、「生きた学習」から離れることになるからです。それ故、本来の高等学校教育の立ち位置が再検討されて、「これから歩む人生に有効な学習」が提供されるように望みたいところです。

　高校になると、「学校行事」の文化祭、体育祭、独自の伝統行事等を、生徒会や実行委員会を中心に行っているところが多いです。また「部活」においても生徒の自主性でやられていますが、旧来の習わしに捕らわれることなく、もっと自由に、生徒の創造性が発揮されて良いと思われます。

《保護者》

「保護者が、我が子の教育に強い関心を持つことは当然なことで、上手な良い関わりを持っていただくことを」望みます。それというのも現在の教育に「保護者の強いパワーが働いていることは、自明のこと」で、保護者の要望が教育の形態に大きく影響を与えています。そのため賢い親として、短期の人生だけでなく長期の人生も視野に入れた「子供の養育」を考えていただきたいと切にお願いします。その意味から保護者の注目点と「幼児から学齢期の子供達の現実の環境」を検討しておきましょう。

　昨今の赤ちゃんは、生まれた時から両親とじじばば２組の「６つのサイフ」を持っています。赤ちゃん本人は解りませんが、物心つくと「色々と買ってもらえる環境」が出来ているわけです。余程ブレーキを掛ける気持ちがなければ「赤ちゃんは、過保護・過干渉の

環境」で育つことになります。幼児期も「通園すると同時に習い事をやらされます」。小学校・中学校と進むに連れても、親やじじばばの期待が「強いプレッシャー」になって育つ子供が多いのです。（恵まれない条件の子供も増えていると言われていますが）。そして、近年の調査では、「親を喜ばせる」ことが子供の行動原理になっているようです。親やじじばばが「喜んでいたら、自分は良いことをしている」と判断しているというのです。少なくない子供達が、何から何まで、親にレールを敷かれ、その上を走るだけの「子供の人生」を生きています。これで本当にいいのでしょうか。

　賢い親やじじばばになる努力をしなければいけませんよ。子供の成長レベルに合わせないとダメですが、「本人のやりたいことが出来る環境」を意図的に作らないと「子供をスポイルしてしまいますよ」。本人の好きにやらせてあげる場面を真剣に作るようにしないといけません。昔のことわざでは「可愛い子には、旅をさせよ」と言いましたね。「どこかで大人の敷いたレールは廃止しましょう」。これが、現在の保護者にとっての大事な決断です。今の子供達が、どれだけ凄い親達のプレッシャーに圧迫されているかをよくよく考えてみてください。「自主性のある」子供に育てたいと頭で思っているなら、「子供に自由を与えないといけません」。何歳からは、自由にさせようと大人が決心しなければなりません。このことが、保護者の現在最大の「我慢点」だと思われます。心してください。

　さて、これまで子供との距離感について話しましたが、ここからは親御さん自身の「子育てについての価値観」を自己分析してみてください。子育てに大きく関わってきますから。

今頃に学齢期の子供を持つ親達は、戦後教育を受けて「権利意識や平等意識」が強く、"親子"という上下関係を喜ばない風潮があります（私見では、親子は、親が子を作るのであり、世代的にも上下有りだと思われますが）。その結果、「友達親子」の関係が進み、そんな多くのケースで「子供のわがままを代弁する親」が増え、更に子供の言い分に振り回される親が増えてきています。その極端なケースでは、モンスター・ペアレンツと呼ばれる保護者が出現し、「エゴ丸出しで我が子のことしか考えないで、色々と学校に要求してきます」。中には匿名で教育委員会に直訴するモンスター・ペアレンツもいます。そんな親は、基本「子供を過保護」にしているのですが、そのことは棚に上げて弱腰の校長と学校を相手に不当な要求を続けます。そういう親が、どれほど教育環境を壊しているかが重大問題なのですが、現状の学校では、それらのモンスター・ペアレンツにかき回されてしまいます。そういうことに学校も筋を通して対応するようにして親の誤解を解くように対処しないといけません。

　また、保護者の経済力に関しても、問題が出て来ています。現在、16％の子どもが貧困に苦しんでいると言われています。うち続く低賃金労働で、現在の親達は経済的に豊かでない人が増えてきました。またひとり親家庭や保護者が共働きであるケースも多くあります。そんな保護者との連絡では、夜のやり取りになり、家庭訪問や面談も夜実行することが多くなります。

《大学の現状　「学問の府」の権威失墜》
　現在、日本の大学は、問題山積です。とりわけ問題解決が急がれ

るのは、「学問・研究の質的劣化」にどう対応するかという点です。「大学」という旧来の価値に安住し、大学の権威を振り回してきましたが、近年では権威の内容が高くは無いことが露呈して、「学問の府」という箔がはげてきました。それに連れて世間一般の大学に対するイメージは、学問からは離れて、「大学卒業という資格と就職のための機関」となっているのではないでしょうか。学問への期待は、殆ど無くなってしまったような印象を持ってしまいます。その変化を知ってか学生は、学問よりも「就職活動」に力を入れている感じです。学生は、学問内容に期待を持っていませんし、魅力のある学びも殆ど経験していないように思われます。今の学生とて、興味をかき立てられる学問には飛びついてくると期待したいのですが、今の大学がそんな魅力を提供出来ていないのならば残念なことです。

　そうは言いつつ多くの大学は、残念ながら「知的創造の場」として機能していないようです。旧態依然の運営組織と教育内容が、生きた学問を遠ざけています。大学には、本来、新しい時代を切り拓く学問的使命がありますが、惰性的にこれまでの研究を続けるだけで、世の中に起きている問題を解決しようという意欲さえも薄らいで来ています。今、日本の大学教員の多くは、オリジナルな研究を追求すると言うよりは、「研究業績点」を得るために研究のまね事をしています。しかし、研究に関心を持っている教員は、まだ及第点をもらって良いです。経営危機にある大学教員の多くは、そんなことを言う余裕すら無くなっています。そんな大学では、トラブルメーカーの学生に対しても「如何に卒業させるかの面倒を見させ

ている」ケースも多いと聞いています。有名大学と言えども、多数の学生に「卒業論文」を書かせることは殆どなくなっていると聞きます。こんな表面的な話からも、今の日本の大学において「学問的雰囲気が無くなっている状況」が色濃く理解して頂けるでしょう。この状況で、日本全国に大学が800校以上もあり、その半数は定員に満たない学生数で経営しています。そんな事情を裏読みすると、実質「無試験入学」が実現していて、入学後も「勉学意欲を欠いている」姿が透けて見えるでしょう。この風潮は、「大学自らが、大学を否定する事態」を招来させていると言えます。嘆かわしい限りです。こんな状況にあっても、まだ「大学の新設」があります。しかも倒産もしませんし、望ましい大学への自浄作用も働きません。不思議な事一杯で、大学には矛盾が渦巻いていると言えるでしょう。

《勉強しない大学生》

　大学の２極化が起きています。入試難易度の高い大学と実質無試験で入れる大学です（日本らしい棲み分けなのでしょうか）。大学生全員に学問をせよとは言いませんが、せめて卒論程度は書いてみて欲しいですね。誰でもが自分の興味のあることに拘れば「それは立派な研究です」。研究は、大層なモノでも無いし、普段の生活の傍にあるものです。研究心は誰でも持っているものですよ。大学に行こうと思うなら、せめて卒論を書く程度は勉強しようと思って進学して欲しいものですね。自分の生まれた国・環境で、その人の人生は、ある程度決まってしまいますが、日本に生まれ、大学に来ているなら幸せを感じるためにも、「自分の可能性」にチャレンジしてほしいものです。レジャーランドで遊びほうけるだけでは実に勿

体ないと思うのですが。

　こういう話は、高望みでしょうか。そうでも無いと思いますよ。もっと自分の可能性を信じてみましょう。自己を過小評価すると、4年学費を納めれば、卒業出来るという暗黙の了解に頼りたくなるのです。そのレールに乗ってしまいますと、青春時代の不完全燃焼になりますよ。危ない、あぶない。

《大学とは、名ばかりじゃないか》

　「勉強しない大学生」に「中身の伴わない大学」の組み合わせが出来たら、「4年学費を払ってくれたら、ありがたい」と思う大学が成立します。そんな大学は、勉強しない学生にも「何とか単位を出して卒業してもらう」ことになるのです。悪い冗談、ウソと思いたいですけれど、そんな持ちつ持たれつの関係が出来てしまっていることは確かなのです。こういう状況を見てしまいますと、「大学卒業資格」と学費の取引が出来上がっているようにも思えてしまうのです。こんな関係にまで来てしまうと「学生に媚びる大学」に成っていくのではないでしょうか。

　大学と名乗る限りは、学問といかないまでも「教育の中身を充実させてほしいもの」です。しかし、教育の中身の充実は、金と時間を要するもの、それよりも見栄えがして、手っ取り早いものは、建物・設備ですね。なので日本の大学は、ついつい建物・設備などに投資するのです。大学という名前に、本当に近付けたいのならば、「研究費」「研究所」等への投資に努力しなければいけないと思われるのですがね。

《教員養成大学の現状》

　教育改革において、「教員養成大学の質的充実」は緊要なことで、本来なら特別な努力で取り組まねばならない課題なのですが、日本の教員養成大学の現状は、「教育改革」という言葉も聞かないし、世間の変化からも隔絶されているようなのです。「国会で、色々と法律は通るのですが、国立大学法人の教員養成大学に殆ど関係が無いよう」なのです。実に奇妙で不思議な事態が進行しています。それは日本の政治でも同じで、審議もまともにせずに法律だけはどんどん通します。それはまるで「仏作って、魂入れず」を実行しているようなものです。

　文科省は、直轄大学に対してすら、ほったらかしています。民営化したら「勝手にやれ」と知らん顔を決め込んでいます。以前なら、大学に対処させるためには「予算を付けました」。しかし、今は、そんな律儀なことをする必要がなくなったのでしょう。ほったらかしなのです。それより酷いことをしています。本当は、予算を召し上げているのです。それで、文教政策が動きますか。金のない大学に、予算も付けずに新しいことをせよと要求してくるのです。「お金は？」と聞くまでもなく「お前達で工面せよ」と言っています。これが、現在の教員養成大学のどうしようもない実態なのです。政治も本気でなければ、行政も本気で無いのです。口先政治では、何も形にならないということです。

　具体的に紹介しましょう。20年前頃では、「情報」の教員免許が問題になりました。折から、コンピュータが発達し、コンピュータを教える教員が相当数必要になりました。それで、当時は、まだ文科省も真面目で、急遽コンピュータ研修を組んで、即席の「情報」

という教員免許を作り、免許を持つ先生が高校で出張授業したりしました。また、10年ほど前ですか。今度は「食育」という指導分野が出来て、「栄養教諭」の教員免許が作られました。給食時間に、食育が指導されるようになりました。まだ拡げようとしています。

　こういう事態になれば、教員養成大学は何を求められるかが問題なのです。旧来の免許法では、「何かの分野・教科を教えるには、教える資格を認定して、その免許保有者が、その授業を実施出来たのでした」。即ち、新しい教科が出来れば、新しい教員免許が要るのです。そのためには、教員養成大学か同等のしかるべき機関で「講習なり、講義をして、免許の認定に合格しなければ」免許はもらえないのです。この話は、聞けばまともな話なんですが、「新規の免許」を作れば、自動的に教員養成大学では、免許を交付するための講義を開かねばならないのです。そんなのが続くと、講義のコマ数がどんどん増えて、４年間で受講出来ないくらいに増えているのです。教員養成大学では、もう新しい免許に対応出来ないくらいになっているのですよ。それなのに「小学校英語やプログラム」を教えようとしているのです。教員養成大学は、どうすれば良いのでしょうか。現状を追認するだけでも、教員免許法の改正が必要なように思われます。

　そんな新しい免許に関する前後の対応は、昔の官僚・教育を知る政治家にはキチンと理解されていましたが、昨今の政治家・官僚は、そういうことを理解していないように思われます。ただ法律だけ作って、後は適当にしてくれと言わんばかりなのです。これじゃ、教育改革が実行出来そうもありません。

　教育改革に連動する役目を持っているのが、教員養成大学でもあ

ります。「教育をレベルアップするには、何をおいても教員養成大学のレベルアップが必須なのです」。この辺の連携がまるで出来ない体制になっているのではないでしょうか。お寒い感じです。また教員養成大学も世の中の進展にどう対応するかの研究もしないといけません。世界が進むに合わせて、教育理念を新たにする必要もあります。どんな大学も、世の中が進めば進むほど、新規の研究が必要になる面があるのですから。

《多様な教授法への対応を》

　これまでの教育では、学習と評価の対応からも"テストに良い点数を取る"ことが追求されました。このような教育に、直接的に有効な授業法は「教え込み」授業でした。一人の先生が、大勢の生徒に向かって「１対多」で教え、なるべく効率的に理解出来るように、授業が研究されたのです。その結果、日本の津々浦々まで「教え込み」型の授業が普及することになりました。

　戦後の日本の教育は、殆どのクラスで「教え込み形式」の授業をして来ました（他の取り組みもありましたが）。しかし、ネット時代になり学習パターンも色々出て来ました。とりわけ、教え込み形式だけの教育の限界性に世間も気付いたようで、近年では「考えさせる授業」が言われ、「考える学習」の必要性が強調されてきました。世の中の変化に連れて、求められる教え方も変わります。これからは、教え込み型の授業法だけでなく、多様な学習場面に対応出来るよう「様々な教授法が実践出来る教員」が求められます。理想から言えば、「どんな学習場面でも対応出来る教員」が必要な時代になってきたのです。だからこれからの教員養成大学は、多様な教

授法に対応できる教員を養成しなければならないし、時代の変化に追随出来るように「学習者が、自ら考え、社会生活に適応していくための教育」を新たに構想していくことも求められているのです。それらの新しい諸課題をどのようにクリアしていくかを、教員養成大学は模索しなければならないのです。時代が進み教員に求められる要望が高くなればなるほど、教員養成の内容も方法も高度化しなければ追随出来ないのです。その辺のことが文科省では、全然解ってないようように見えるのですが。

《文科省・政治の現状》

　本来なら日本の教育に責任を持っているはずの「文科省」が、文教行政に責任を果たせていない現状が最大の問題です。国立大学の法人化での責任逃れでもハッキリするとおり、「教育を本気で良くしよう」と思っていない姿を見るのです。今、日本の教育は、本当に危機にあります。一番象徴的な出来事は、「予算カット」です。OECD 調査でも、日本ほど、教育・研究にお金を掛けていない先進国はありません。総予算をカットする上、研究費の配分等では、かなり恣意的で「持ちつ持たれつ予算」がかなり見られます。お気に入りの所に予算を付けるのです。もっと本質的なレベルで予算を考えないといけません。学問レベルを維持し、向上させるという配慮が忘れられています。

　また、政治が教育を正しくフォローできていないケースも多いです。具体的に言えば、「大学生の学費の無償化」政策が、全くのピンぼけ政策です。出すならば、優秀な学生に返済不要の奨学金を出しなさい。この無償化法案の裏は、「経営危機にある大学の倒産防

止」処置としか読めないのです。ヨーロッパ等での大学無償化は、十分に厳選された優秀な学生に与えられているもので、途中の勉学態度のチェックも厳しく、成果を上げられないなら退学処置が待っています。それに対して、日本の勉強しない学生にまで与える無償化は、本来的な奨学金の意味からも逸脱したものと言わねばなりません。こういう政策がすんなり通るのです。現在の日本の政治家は、概して学問をしておらず（学問に理解がないので）、教育に使うお金も、金儲けに使うお金も区別が付いて無くて、「将来での有効性の視点を持ち得ていない」と思われます。文科大臣は、教育予算が短期的なお金と違う意義を、政治家に、国民一般に熱っぽく説くべきでしょう。

第2章　現状を理解するための「重点整理」

　1章では、教育界で現に起きていることを紹介しましたが、一般の人にとって、現状をそのまま報告されても真相を垣間見るのも難しいと思われます。そこで起きている事態の背後についての解説をプラスして「ベールに包まれた教育界で本当に起きていることの真相」を理解していただけるようにしようと思います。

　そこで、2章では「教育界の現状を理解するためのポイント」を紹介し、起きていることの本質に迫り、問題解決に至る道を探りたいと思います。

　以降の話の展開を簡潔に示せば、以下のようになります。

◎イジメの現状⇒ゆとり教育⇒教育界の組織的欠陥

○《イジメの現状》

　現在の教育界の異常なところは、「イジメに対して"お手上げの状態"」で、積極的に対処出来ないと構成員の多くが諦めていると思えることです。イジメ自殺に対して、裁判で色々な判決が出ていますが、責任者とおぼしき人が、口頭で「再び起きないように

云々」しますが、言葉に全然真実味が有りません。それは、会見で答える人自身が、当事者であって、当事者でないくらいの現実感のない気持ち（イジメか！、どうすることも出来ないなぁ）があるからで、「関係者の多くが、当事者意識を持てない」状況と感じているからでしょう。現状では、多くの各地教育委員会に「イジメを無くすために積極的に取り組む姿勢がありません」。残念ながら、これが多くの教育委員会の基本姿勢のようなもので、ですから「イジメに遭っている子供さんの親御さん」は、登校を強いるよりも「不登校・自宅学習を選択すること」が、悲劇を招かないためには重要な判断だと言えます。最悪の事態を回避するためには、きれい事で済まないので、本音で申し上げています。

　この件に関して、少しの言い訳をさせてもらえば、これからの時代は、生涯学習の時代になっています。だから、ここで学びそびれても、学ぶ気持ちさえ強く持っていれば、取り返すチャンスは必ずありますから、自殺に至る道（登校を強いる）は避けていただきたいと思います。

　教育界のこの大状況をよく頭に入れて、イジメについて考えてみましょう。

《イジメとその背景：「人間性」について》

　人間界で「イジメ」と呼ばれるものは、「動物性」の象徴みたいなもので、「野生の生存競争下では、必然的に起きてくるもの」と言えます。ナゼなら自然界では、「弱い者が、強い者に食い物にされる」のは、自然の掟だからです。動物は、何か食料を食べて生き

延びるのです。食べないと死ぬのです。それが、動物界の自然法則なのです。それ故、「動物性」とイジメは必然的な関係を持っています。但し、より本質として、野生動物にとって「自分の命を長らえさせているだけ」で、イジメという感覚は無いと思われます。それ故、人間界のイジメとは、次元を異にします。「イジメ」は、人間界故に名付けられた現象で、現実なのです。「動物」・肉体を持つ生き物は、命を保つために「食べねばならない」のです。それ故、食糧確保が個体の生存のために必須なのです。それで、生き物は、必然的に食糧確保のために、攻めやすい生き物を狙います。これは、野生の掟で如何ともし得ない「自然界の摂理」です。

　反面、そのことを認めて「人間性」について考えてみましょう。「人間性」は、ほぼ動物性の対極としてあります。弱い者を守り、人間として人生を全うできるように、周囲で支えるのが人間性の極致です。そもそもそういう理想的なことを考えられるように、人間がこの世に誕生してきたようなのです。人間は、「万物の霊長」という形容詞を被せられる存在ですが、なぜ「万物の霊長」と呼ばれるのかをここで吟味しておくことにしましょう。人間は、どうしたわけか動物の中での最高順位を得ています。なぜ「万物の霊長」と言われるのか、その理由は、一般の動物に出来ないことが色々出来る特権を与えられているためなのです。「言葉が使え、高い知能を持てたこと。色々な知識を応用して、考え、物を作れたこと。それらの高い能力の発現で、高い文化・文明を築き得たこと」などが、多くの動物を凌ぐ存在として「人間」が、特別待遇を与えられ、この地球上に生まれてきたことを象徴しているためと考えるのが良いと思われます。

こんな人間が、動物と違った生き様を追求したのです。そこに「人間性」の発露が出来てきたのです。これらの事実を重く受け止め、「万物の霊長」として人間のみが持ち得る「人間性」を開発し、それを子供達に引き継ぐように学ばさねばならないのが、教育だと考えられるのです。

《イジメがはびこる学校は、「動物世界」なのだ》

　「人間性」という言葉は、子供でも知っている訳ですが、「人間性」の内容に関して解説している文章は、余りありません。私も、人間性に対しては、研究職について以来25年色々と研究し、やっと先に書いたようなところまで理解が至りました。とりわけ、名前と著書名を失念して申し訳ないのですが、“生物学者Xさん”のコメントが大いに参考になりました。そこでは、「人間性」と「動物性」の対比が述べられていたのです。とりわけ、動物性の否定として「人間性」を考えることの有効性を学ばせて頂きました。まことに感謝です。

　そのことを前提に、イジメがはびこる現在の学校は、どのように考えたら良いのでしょうか。先に述べたように、動物性の必然として生じるのがイジメなのです。それが、とりわけ学校で頻発しているということは、由々しきことなのです。なぜなら、動物性の必然としての形が学校で現れているわけで、そのことはストレートに「人間性」にもとるわけです。「人間性」を更に開発していかねばならない学校が、イジメが頻発する環境となっているということは、「動物世界」になっているという訳で、「先進国日本の教育の姿」として本来では有ってはならない姿だと言える訳です。これだけイジ

メが頻発しているならば、残念ながら日本の学校、教育現場の現実は「動物世界」になっていることを認めざるを得ないでしょう。それほどイジメの環境になっているのです。

人間性の場で在るべきものが、逆の動物性の世界になっているのですから、正に由々しき事態なのです。この認識に立って、ナゼ、動物の世界に成ってしまったのかを大いに研究せねばならないと思います。

そのことに関連して、更に悪い事態が起きています。それは、「子供間のイジメ」に留まらず、学校内で「大人間のイジメ事件」が起きていることです。1章でも書いた「先輩教員が後輩教員をいじめる事件」が小学校内で起きていたのです。しかも集団で個人をイジメ、明らかに刑法犯罪のレベルの事件が学校内でしつこく長期の間繰り返されていたというのです。その間に、校長が四人替わり、どの校長も、教育委員会にその報告を上げなかったというのです。この事件の教えることは、一部の教員は、既に明らかに「イジメ加害者」になっているということでしょう。そして複数の校長も「見てみない振りを決め込んだ」という事実があるということです。

こういう事態を現実に見せられますと、一部の教員の中に「イジメ体質」が染みこんでいると理解するしかありません。こうなりますと、「一部の教員は、明らかに「動物世界」の住人」になっているわけで、子供のイジメを止める努力を期待するのも無理な状況というしかないですね。さあ、エライことに成っています。ナゼこんな、常識では考えられないようなことが、学校内、教育界内で、堂々と起き、周囲も見ない振りを決め込むというようになったので

しょう。

○《ゆとり教育の看板に騙されるな》

「ゆとり教育」の本当の姿・内容を国民の多くは知らされていないのです。教員の多くですら、理解出来ずに来ています。表向けに掲げられた「子供にゆとりを与えるため」という理由付けは、真っ赤な嘘なのです。ゆとり教育が実行されていった「本音」は、《公立学校教員を、土曜日を休日にするために行われた》のです。ゆとり教育が出て来る切っ掛けは、労使関係としての文部省と日教組との話し合いで、折からの世界的な労働環境を良くする動き（ILO 条約）に連動しています。日教組と（揉めたくない）文部省側が、公立学校教員に土曜日を休日にすることで「日教組と手打ちをした」のです（1985年以前だろう）。その時、あろうことか日教組に「教員の土曜日全休」をプレゼントするだけでなく、《白旗を揚げて、日教組に「地方の教育行政権を委譲した」》のです。これは裏取引だと思われます。ネットを検索しても、「地方の教育行政権の委譲」に関しては、文書が出て来ません。この部分に関しては、公文書として残し得ないと思われるからです。

「ゆとり教育」とタイトルに教育を謳っていますが、考えられている教育に何のメリットもなく、ただただ「労働問題の解決プラン」に外なりません。民間の労働争議においては、「日本は会社単位の組合で」会社が倒産すれば、組合員もたまりませんので、多くの会社で《労使協調》が計られました。その場合、紳士的には、会社の経営権は経営者側に委ねつつ、組合としては、賃金や条件で獲得していくパターンになるのが普通でした。しかるに、文部省は、

「地方の教育行政権」をすっぱり組合に譲ってしまったのです。タダでくれるなら「もらっておきますわね」。その裏取引が、時間が経つに連れてボディブローのように効いてきたのです。政府では、「中央の」教育権・経営権を譲っていないので、大きく影響しないと考えたのかも知れませんが、中央の軽い思いに反して現場を握る地方教育委員会の実質的な権限は「教育界の体制を決する力」を持っていました。それは当然で、「教育は、現場で実行されるもの」で、現場が絶対の力を持ちます。その結果、地方教育行政が日教組の思い・考え方でねじ曲げられるようになり、だんだんと国民感覚から言っても「何か学校がおかしい」と思うような出来事が方々で起きて来たのでした。

　ゆとり教育というものは、全くの詐欺で「教育面から見れば、言葉と内容が全く教育的でないものばかり」で出来ていました。隠されていましたが、ゆとり教育のもう一つの本質は、「文部省は、国民の信頼を大きく裏切って、地方における文教行政に対して、権限を日教組に委譲した」ことです。このことが、教員を含めて、多くの国民に理解されていません。円周率を 3 と教えて良いと言うような話は、全くもって枝葉末節な話で、肝心なのは「地方教育行政権を日教組に委譲した結果、文科省の通達さえ各地の教育委員会にそのままの形で受け取られなくなってしまった」ことで、文科省は、教育委員会を下部組織と考えられなくなったのです。今や「文科省の通達が、末端まで届かなくなっている」のです。地方教育行政を日教組に委譲した結果が、今日まで絶大な影響を持ち、教育現場を酷く傷つけてきたのです。

この現実を知り、その現実の体制を踏まえたところで、これから
の教育改革を考えるしかないのです。スタート地点を考え違いしな
いことが大事です。現文科省は、各地教育委員会を下部組織として
取り扱うことは実質的に出来ません。それが現実で、法理論の理屈
通り、法解釈通りには、教育改革は進められないのです。

　この現実を真正面から眺め、受け止めるしかないのです。「教育
界の現在の異常事態は、「ゆとり教育」の裏取引の結果と、その後
の随分な時間の効果で日教組が、実権を持ち、地方教育行政を実質
仕切ってきたことによって引き起こされている」ということです。
現在でも日教組支配の強い都道府県（市町村末端まで）では、文科
省の通達も「地方教育行政を実質仕切っている教育委員会の幹部が
解釈し直して、伝達すること」が当たり前になっています。このよ
うな事情で、日教組支配の自治体の教育委員会では、正常な学校機
能の殆どを奪われてしまいました。教育がガタガタになって来たの
は、この日教組への権限委譲の後からです。

　「ゆとり教育」は、国民側には何も良いことが無く、その内実は
とてつもない「教育への責任放棄」になりました。政治家と国の機
関の「国民への裏切り」です。その結果は、教育の劣化、国民の教
養の低下をもたらしています。民度も低下することになります。

《ゆとり教育が、いかに無理筋であったか》

　当時（1990年前後）、多くの先進国は、コンピュータの大進歩で
「情報関係の新たな授業の必要性で」、無理をして授業数を増やして
いました。この時代的趨勢に逆行して、「土曜日の授業を減らす」
のに苦心したのが、「日本の」文部省だったのです。背後にどんな

事情があったかは知りませんが、「時の流れ・時の勢い」というものがまるで見えていないのです。そんな渦中で臨教審が作られ、国の教育について色々議論されているのですが、「義務教育公務員の週休2日制」を断行することがある種力関係で決められていったのです。建前では、子供の負担を軽くすると宣伝していましたが、その宣伝とは裏腹に、「教員のゆとり」を作り出すことが優先されたのです。

　ゆとり教育の改悪で、一番酷い犠牲を強いられたのは、「知識の体系が大事な、理科系及び数学系」の授業・学びでした。「πが3で良い」と言うことになり、「円と六角形は同じ（周囲が直径の3倍は、6角形）」になりました。とにかく教科書も薄くせよという要求で、「内容の削減を迫られました」。その結果、学習項目の大事なキーワードだけ残した教科書が出来たり、キーワードさえも削除された教科書が作られました。その結果、「知識の体系を無視する結果の教科書が出来てきた」のでした。そのために、内容の繋がらない勉強になり、教科書を忠実に教えても「実質的にバラバラの内容」が教えられるようになったのです。数学や理科系の学習は、体系的に学ぶ故に理解出来るのですが、その体系が崩されると、知識の繋がりが意識できなくなるので、「必然的に知識は、バラバラにならざるを得ない」のです。科目名が同じでも、内容的にバラバラでは、「どう教えても、バラバラの知識を憶えること」になり、子供達も、「勉強とはただ憶えることだ」と経験的に理解することになりました。こうなると知識の体系をぶち切っていますので、理解するというよりも、「理解出来ないので《憶えるだけ》に成らざるを得ない」のです。

体系が軽視され、意味的に繋がらなくなると、「論理性」が育たなくなるわけです。その意味で、ゆとり教育以降の子供達は、論理性に弱いという無形の損害を被っていると言えます。本来在った知識の繋がりが、ずたずたにされたため、色々な教科であっても《ただ憶えるだけ》に成り、「勉強とは、バラバラのもので、憶えるものだ」と子供が思うのは経験上当然のことだと言えます。その結果、小中学校では、数学・理科まで記憶教科に成り下がってしまったのです。ゆとり教育以降の人には申し訳ありませんが、全ての勉強が体系無視の雑学になってしまったのです。

　このようなゆとり教育での授業の変化で、自然に増えたのは「投げ込み教材」での授業です。「投げ込み教材」というのは、《1時間の授業で完結させる教材》のことで、時間調整にも使える授業ネタのことです。体系だった授業をする授業数がありませんので、ここまで来たら開き直るしかありません。全部の教材がバラバラで、確実に教える手段はないとなれば、子供達の興味を引き、狭い範囲で理解出来そうなネタを用いて1時間の授業で完結させようと考えるのは、教師の良心からの自然な成り行きになります。ゆとり教育というダメな教育改革でも、教育改革というものは、非常に大きな影響を与えるもので有ると、しみじみ感じさせられました。現在、小中学校では、1時間完結の授業がしばしばやられていると思われますが、そんな授業形態が増えているのにも、確かな原因があるのです。
　知識の体系を重んじた教科書・副読本は、ページを多くして作ることが可能です（ゆとり以前の教科書そのままでもOK）。そんな

配慮があれば、学びたい人に、自習をさせることで少しはカバーできるのですが、体系が切れた教科書では、基本バラバラで、何でも雑学になるしかありません。この状況の辿り着く先は、「知識の記憶」式勉強とならざるを得ません。ゆとり教育が、バラバラの知識を憶える学習を加速したのは当然の結果です。そのためでしょうか？、学校も塾も、各段階での入試対策勉強も、「記憶と再生のトレーニング」とならざるを得ない状況を作り出したのです。「記憶勉強はダメだ」と言われて久しいのですが、日本に根を下ろした「記憶中心の勉強スタイル」は、なかなか根の深い問題なのですね。

　昨今良く話題になる「考える勉強」に切り替えるには、どうしますか。先に述べたように、現在の日本の教育システムの全体に「記憶中心」の勉強スタイルが染みついています。こんな状況から始める教育改革は、とても大変だと理解する必要があります。途中から接ぎ木をするにしても、うまく接ぎ木が付いてくれるかどうか、そもそも接ぎ木を受け付けないのではという感じも強いです。現在の日本の教育改革は、教育方法論からみてもなかなか難しい問題なんです。そんな視点で、教育改革の内容に多くの国民が注意を払う必要があります。

○ **《教育界の組織的欠陥「司令塔無し・無責任体制」》**

　その上に、現在の教育界は、組織論から見ても大きい問題を抱えています。組織が動かないのです。だから公立・私立共に「イジメ問題」に対処出来ないのです。

　教育界の現在の大問題は、「イジメ問題」（大問題ながら中央・政官界では、有効に対処出来ないので、報道等で大きく取り上げない

ようにしている感じ有り）で、そのための法律をわざわざ作ったの
だけれど、法律の効果は殆ど出ていない感じです。「いじめ防止対
策推進法（平成25年法律第71号）」が出来てからも、法律に基づく
妥当な対処がなされていないケースが裁判やニュースで伝えられて
います。公務員は、法律に基づいて仕事を進めるのが大原則です。
法律が出来ているのに、役人が法律を守らないとは、どういうこと
なのでしょう。そんなことが通るのでしょうか。

　相当な数の教育委員会という組織では、「教育委員会幹部」が組
織を支配しています。そのような教育委員会幹部達は、法律さえ守
らずに、地方教育行政のほぼ全てのことを、自分たちの判断だけで
仕切っていると言えます。だから文科省の通達等が「事務的に末端
にまで届かない」のです。そのような教育委員会では、法律が出来
ても法律の無かった頃のやり方を踏襲しているみたいです。

　そこで今度は、日教組（または連携した同様の組合）が支配して
いると思われる教育委員会の様子を見ておきましょう。

　その前に、私と日教組の関係に触れておきましょう。私は闘争世
代の人間です、だから学生当時の左翼思想を理解していますし、主
張の正しさも解っているつもりです。そして70年代以降、授業熱心
な日教組加盟の教員と付き合いがありました。長く彼らと授業研究
サークルの活動もしました。そういう意味でその頃の日教組加盟の
「教育熱心な教員」を良く知っております。その頃の日教組は、「子
供のためのより良い教育」に熱心に取り組んでいました（主観的に
共感出来ました）。ただ、その印象は随分昔の話でして、現在の問
題は、その頃の組合員と、ゆとり教育90年代以降の組合系教員では

だいぶ考え方が違ってきました。残念なことに、ゆとり以降の「教育委員会支配に熱心な組合幹部達（元教員が多い）」は、教育に対する思い入れも殆ど無く、気持ちが全然違ってしまった印象を持ちます。

　そして、目下多くの地方自治体の元にある教育委員会では、「日教組（または連携した同様の組合）の組合員が、教育委員会幹部になっています」。その「教育委員会幹部」という人達の共通性みたいなものを書くと、「教員と言うよりは、労働者・組合員の意識が強い」と思われます。さらに彼らの特徴的、価値観軸を書くと「反政府反国家（反沖縄基地）・強い権力意識（支配欲）」が特徴的です。ただ残念ながら「教育や人間性」といった価値観軸が希薄で、人に喜ばれることをしませんし、労働者の権利擁護、なるべく働かない、サボる、手を抜くというネガティブな価値観を持っていると言えます。常識的感覚から言えば、教育委員会の幹部という立場にあるならば、必要条件として「教育や人間性」といった価値観軸を持っててもらいたいのですが、多くのケースでそれは叶わぬ願望のようです。

　願望が叶わないだけでなく、困ったことに、彼らはとりわけ、権力意識が強く、支配者側の立場に立てば、「命令し、下位者を支配することを喜びとする」ところがあるようです。そのため、支配下に置いた教育委員会では、「権力者として、組織を牛耳ること」に喜びを感じています。そのために、教育委員会傘下の教職員達に、理不尽なことを命令し、「言うことを聞かせよう」とします。

　権力を傘にきて命令するということは、「殆どイジメる」ことと同じです。権力意識が強いということは、殆ど「イジメる側の人」と同意なわけです。こんな「教育委員会幹部」は、必然的に「イジ

メる側」の立場にいて、そのため、いじめられた側の人権を守ると言うよりも、加害生徒の方に肩入れするようなケースも、方々の教育委員会で起きています。そのような教育委員会幹部達は、体質的に「イジメ側の人」で、神戸のように幹部の仲間がイジメ事件を起こしてしまったら、ほぼ自動的に仲間をかばう行動に出ることが多いようです。そんな幹部達は、「イジメを無くすためにどう関わるか」という基本方針を持ち得ていないように思えます。そういう教育委員会では、「人間性の視点からイジメを見る」ということが出来ないので、イジメを止めるという対処が出来ないのです。残念ながら、こういう幹部に支配されてしまった教育委員会では、非常識なことであれ、何であれ、幹部が認めたことは通るわけです。それ故に、神戸で起きた「同僚をいじめた（カレーを目に塗る等）事件も《有り得る》わけです」。横暴で、訳無しの幹部に支配されてしまうと「何でもあり」になってしまうのです。教育界で理屈に合わない事件が報道されるのですが、ナゼそんなことが起きるのか一般人では想像出来ないくらいでしょうが、それは「治外法権的に支配している教育委員会の幹部達」によって、黙認されたり、是認された結果として起きているのです。

　一般人は、ウソのように思われるでしようが、多くの地方教育委員会では、何事も「幹部達の都合で決められてきている」のです。極論を言えば、「専制政治が行われている」のです。そんな場合、その組織のトップは、「支配者として君臨することが大事」で、トップを狙うライバルは徹底的に敵視し、潰す行動に出て組織を守るのです。これは、専制政治・独裁政治の恒なる原則のようで、小

規模ながらそんな教育委員会の運営は、独裁国家と同じ様相を呈するわけです。そんな教育委員会では、トップの独裁が可能になり、トップの命令が何でも通り、「治外法権的環境で、何でもあり」の状態が出来上がってしまうのです。（こんな幹部に支配されてない教育委員会も少数ながら有りますが）。

《教育が不当な支配に服さない規定？》

そして、ここで大きな問題点を指摘しておきましょう。こうなった直接の責任は、「文部省の国民への裏切り＝地方教育行政権の日教組への委譲」に在るわけですが、その他にも「日教組（または連携した同様の組合）に支配されてしまう」法的仕組みが絡んでいます。それは、他でもない「戦後の民主主義教育」を指向した「教育基本法」に掲げられる《教育が不当な支配に服さない》巻末注）＃1、という規定に関係してきます。

本来この規定は、戦後、占領した米軍が「戦前の軍国主義教育が復活しないように意図して作った」と思われる条文でしたが、時が経過する中で《不当な支配に服さない》条項が、あろうことか軍部ではなしに、「日教組（または連携した同様の組合）の支配を容易にするように働いた」のでした。教育を、国家権力・軍部の権力の直接支配にならないように「学識経験者等の第三者の常識的コントロールの基に置く（間接支配）」ことを目指した規定にしたためか、「教育をどうコントロールするかに関しては、曖昧になりました」。そのような条項の基で、文部省の丸投げに乗じて「日教組（または連携した同様の組合）が、地方教育行政に対して不当な支配権」を得てしまったのです。この規定が、法律作成当時想定していなかっ

た不当な支配を容易にする効果を持っていたのです。

　教育委員会の支配権は、この規定もあって実際上もなかなか複雑です。近年の法改正前までは、旧の教育委員会で、「政府の直接支配でも無く、ソフトな支配にするために、地域の学識経験者等で組織する「教育委員会（委員の互選で教育委員長が選ばれた。委員長も含めて委員の多くが非常勤委員だった）」が、形式上の地方教育行政を司どっていました」。この教育委員会の基に教育委員会事務局がありました。即ち、旧の教育委員会の組織のトップは、「教育委員長」で、事務を司る教育委員会事務局と連携して、地方教育行政を実行してきたのです。

　ところが、法の改正後は、新の教育委員会で、教育委員会のトップは「教育長」一人になりました。一人が、各自治体の教育委員会を掌握することになったわけです。ワンマン支配なのです。そして、現在の法律でも「教育委員会のトップ」の存在は、かなり曖昧です。住民のリコール権はなく、原則選任は、「地方自治体の議会で半数以上の賛成で、首長が任免する」という規定です。この規定で、果たして「教育委員会を横暴支配する幹部」を辞めさせることが出来るかどうかが大きな問題です。組合系幹部達は、権力欲が強く、滅多なことでトップの座を明け渡さないと想像出来ますから、日本教育システムの改革は、地方ほど強い抵抗に遭い、強力な法律ができるまで、解決出来ないのではと危惧するところです。この問題の根本解決は、法律の大幅な改正を要するため、短期的に解決出来ないでしょうが、地方教育委員会のトップ、または、トップに近い人達の「リコール権」を新たな法律に組み込む必要が有ることだけは確かでしょう。

《教育界の現状をどう把握するか》

　現在は「文部科学省」に名称変更されましたが、文部省の悪い遺産は、そのまま引き摺っています。文部省の出張所として教育委員会を保持していたら、もう少しは国の教育行政を地方にも波及させられたのでしょうが、現状はそんな甘い期待を持てる状況ではありません。概観したように、「教育の実」を現すのは、《現場》です。学習者・子供と接して、教育実践が為されるのは現場以外にあるわけがないのです。現場は、地方であり、教育現場の実質的コントロール：統率は、「地方の教育委員会」にあるわけです。それ故、現場に影響力を行使出来るのは、国の中央ではなくて、地方の教育委員会なのです。それ故、国の中央でキレイ事の議論を幾らやっても、「現場で実践されるように」持って行けないのです。その大事な地方教育委員会が、国の教育行政機関として殆ど機能していないのです。ですから小学校から高校まで教育現場は、教育委員会の指令に振り回されて、混乱の中に在るというのが実際の姿なのです。理解して頂けますでしょうか。

　この現状をクールに分析すれば、「現在の文科省の置かれている状態」が見えてきます。即ち、文科省の命令が届く所（大学：大学は省が直接対応している）だけで、一応通達や命令が実行されているのですが、日本中の教育システムを考えた時、「地方の広い範囲で命令が実行されていない」のです。ニュース等で流される情報は、文科省直轄地での「やってる姿勢のアピール」で、大学入試試験の話や審議会の審議の経過報告等ですが、そういう部署の報告には、教育界の最大の問題と考えられる「イジメ事件」に関しては、多く

をコミットしません。大問題を避けて通っている感じがします。な
ぜなら、イジメに実質関われないのが、文科省の実力と言えるから
です。それは、多くの地方教育委員会に影響力が及ばないからです。
この実態をどう考えましょうか。

　教育改革にとって、この実態をありのままに認めることがとても
大事なスタート台になります。出来ないことは「出来ないからで
す」。この文科省の実際の実力を踏まえることが大事なわけです。
即ち、「文科省は、地方へ殆ど影響力を行使出来ない」状態にある
のです。この文章を書きながら分析を進めてくると、思いの外絶望
的な現実が現れてきたのです。ボンヤリとした期待さえ持てない現
実に半分絶望的です。
　この現実を名付けてみると、日本の国の教育行政に関して「司令
塔無し」だったということです。なんと文科省は、「司令塔の役目
を果たせていなかった」のです。これが現実でした。

○《教育界は、さらに「集団的、無責任体制」だった》

　教育界は、全般的に「タガが緩みっぱなし」という表現が妥当な
ように思われます。もうズウッと15〜20年惰性で動いていますし、
「欠点や矛盾が一杯」なのに、誰も本気で対策に乗り出しませんし、
見てみない振りしてやり過ごすのが「習慣化」していました。だか
ら、年々悪化が進みました。
　その教育界に自分も長く身を置いてきて解ってきたのは、「学校
という組織は結局、無責任体制だった」のだということです。現役
時代、何百回も会議に参加し議論してきましたが、「私の提案は、

全く賛成を得られませんでした（内容が悪かったからかも知れませんが）」。議論は真面目に進めても、「評決が、会議の過半数の賛成で」決まりましたので、「良いと思われることも、殆ど決まりません」でした。会議メンバー達の利害に大きく関わる時は、それなりに多くのメンバーもそれぞれ主張することもありますが、そんなのは例外的で「従来通りで良いじゃないか」と軽く考えられるような案件に関しては、殆どの場合、「従来通り」が選択されたと言えるでしょう。その結果、「変えざるを得ない時（待ったなしで変革を迫られた時）を例外にして、学内的な改善や改革提案は、ほぼ通らなかったです」。

　こんな状況を今、大局的に見れば、《決められない会議の「無責任」体制》だったと言えると思うのです。何も決めないというのは、「経営的には、無責任」ですね。社会も自然も「進化」するのです。進化は、地球・宇宙の大原則なのです。だから、外界の色々な進化に伴い、教育界も本来なら変化しないといけないはずなのですが、「教育界の議決方式では、決まらずに先送りが習慣になっていました」ね。この現実は、「実際的に、無責任」でしたね。

　ナゼそのような会議になるかですが、この意識の背景は、「余計なことはしたくない」気持ちの精です。過半数のメンバーが仕事が増えないことを選んだのです。人間の習性として言われていることは、「人は、余程のことが無い限り“考えを変えようとしない”」という思考原理があり、それが確かに「会議形式の決定過程」で働いていると思えます。余程困るまでは、これまで通りでいいと対応するのが、多くの人の習性なのです。その前提を認めると「変える必要」を感じる人は、ほぼ常に少数派になります。だから、「新しい

提案は、過半数の議決方式で決めれば、ほぼ否決される」のが確実です。

　今から考えれば、この議決方式に疑問を持たねばならなかったのですが、そのことに思い至らず「教育界の慣習にすんなり適応してきた」のはどうしてなんでしょう。思い浮かぶ一番大きい原因は、新入りとして出る初回の会議から、そのような会の運営ですから、新参者としては、そうした決め方をするのがこの学校の慣習的なものだと理解して、そのまま是認して参加し続けたことだと思います。郷に入りては郷に従えではないですが、それ以上疑問に思わず慣れ親しんでいくので、「それがまさか無責任体制」を作っていたとは夢にも思っていないわけです。会議には真面目に臨んでいましたし、「無責任に済ませているとは、全然考えていません」でした。だから応分の責任を果たしていたと思っていました。そんな会議への関わり方だから、「無責任になっている」という自覚はありませんでした。大事な議決が否決されても、内心がっかりするけれども、いつものことだと我を慰めていましたね。決まらないのはみんなの総意だから「仕方が無い」と慰め続けてきたわけです。

　ところがところが、今回、教育界を大局的に見て、事実に照らして考えてみると「結果、無責任」をやってきたということになりますね。「会議で過半数方式」で決めてきた習慣こそが「教育界での大問題だった」のです。この議決方式が「無責任体制」の基盤を作っていたということなのです。真面目にやっていても、「結果、無責任」でやってきたということなのです。教育界の多くでは、「当然の如くに、この議決方式」を採っています。だとすると、《教

育界の多くが、現在も「無責任体制」の下にある》と考えることが大事な気付きなのです。

「真面目にやっていても、無責任」という事実に目覚めることが、今後の教育改革を考える際に大事になります。役人の文化にも拡がっていますが、「前例主義」も似たような土壌に見えてきます。機械的に前例を踏襲することは、「社会の進化に目をつぶること」なのです。教育界の無責任体制もほぼ同じ土壌の産物ですね。長期にわたって同じやり方を続けるということは、「世の中の進化から取り残されること」になります。当然ながら、社会的不適応を引き起こします。現在教育界に広く起きている「制御不能のとんでもない事件」が、その不適応状況の現れだと考えられます。

このように「現状とその背後に働いている諸々の力学」を分析してきますと、「現状の教育界の混乱の根」が見えてきたように思われます。端的に言えば、教育界は「司令塔無く、且つ、無責任体制にある」からだと言えそうです。文部省（現文科省）が、自ら、《司令塔の責任を放棄しました》。そして、教育現場は、（無自覚で）《実際に無責任体制》なのです。こう考えると「教育界にあるまじき事件が起きること」に、それなりの理由が付き一応納得が出来るのではないでしょうか。

どうも、教育界全体に「司令塔無し・無責任」という現実が拡がっているのは本当なのです。この現実こそが「日本教育システムの欠陥であり、実力」でもあるのです。

第3章 「司令塔無し・無責任体制」なら、《何でも起きてしまうね》

　今、多くの国民にとって、教育界で起きていることが理解出来ないと思われます。一応「学校の先生」と呼ばれる人が、子供を守ってくれるどころか、いじめる側になったり、先生が同僚の先生をいじめたりする事件が報道されるのですから、「異常な状態とは、解っても」《なんで先生と呼ばれる人がそんなことを》と思うだけでしょう。子供の味方の先生は誰で、味方でないかも知れない先生は誰かと疑心暗鬼に陥る保護者の方も多いと思われます。

　まことに残念なことですが、教育界では昔では考えられないような事件が「頻発」していますので、信頼関係も失墜し、不信感さえ抱かれている「保護者・卒業生」も多くなっていると思われます。こういう事情に私も胸を痛めています。それで、教育界の現状をほぼ正直に書き、こんな日本の教育を如何に再建していけば良いのかを一緒に考えてもらいたいと思っています。

　それでは、ナゼこんな訳の解らない事件が起きるのかの謎解きをしたいと思います。私の答は、前章の最後に書いた一文になります。即ち、現状の教育界は「司令塔も無く、また、全域無責任体制」に

あるからだと考えるに至りました。更に困るのは、「教育界の人間の多くが、現在は異常事態にあるとは思っているのでしょうが、誰も本気で「何とかしよう」とは思わない」ようなのです。

《司令塔は、無かった》

◇教育分野に責任を持つ部署は、「文科省」を含め、どこにも無かったのです。

　長く「文部科学省」を《教育関係の司令塔と思ってきましたが、今回、色々分析してきますと、司令塔どころか、無責任極まりない役所に成っていた》と解りました。残念ながら現在の文科省は、「司令塔」の役割を果たし得ていないのです。

　文科省の出張所的な役所の「各自治体の単位教育委員会」に指令を出しても、現状では聞いてもらえず（指令を効かせる権力を無くしているので）、教育委員会幹部の思い一つで違う指令が出る始末です。その教育委員会もまた無責任体制で、ルーチン化出来ている日々の業務を惰性的にこなしているに過ぎないのです。殆どの教育委員会では、新しい事態が起きても、対応出来る状態ではないと言えます。

《現場も合議制の無責任体制》

◇どの学校施設も「合議制の職員会議で決する、無責任体制」（新しい法律で、職員会議は、決定機関ではなく伝達機関とされたのですが、多くの組織では、旧態依然の姿で運用されている）をほぼ踏襲しています。

　同時に、問題だったのは、学校の意志決定が「職員会議の合議

制」でなされ、誰の（校長・学長）リーダーシップも発揮されることは殆どなかったのです（少数の例外はありますが）。それには理由が在り、教員組織には、「学校管理者」としての校長は居ましたが、「組織の統轄責任者」としては、誰も居なかったのです。そんな制度に甘んじているということは、学校組織を統率する必要性を感じてなかったと言うわけです。極端に言えば、校長は「ただ見ているだけ」のポストだったのです。校長の職務上の義務は、実質無かったのです。おまけに会議という意志決定機関を介して決めるため、「全員責任は、無責任」という感覚になり、みんなで渡れば怖くないで、これまでやってきたのです。

　これが「司令塔無し・無責任体制」の実態になります。

《教育界の今。「司令塔無し・無責任体制」⇒だから大混乱》

　「司令塔無し・無責任体制」では、《混乱状態に陥る必然性があります》。混乱しない方がおかしいくらいです。この現状では、「銘々が、自分勝手なことを言い、動きますから」、結果、何でもありの大混乱が「論理的必然」になります。この認識に至りますと、教育界に起きている「理解を超えた不祥事の原因」が理解頂けるものと思われます。即ち、教育界全体が、「司令塔無し・無責任」という状態にあるからなのです。レベルの低い教育委員会では、何が起きても、対処さえ出来ないのです。本当にそんな事態になっているのか、書いている私も、そうでないことを祈りたい気持です。でも、現実は、不適応状態の地方教育委員会がたくさん在るというのが本当の姿だと思われます。そう考えると「諸々の不祥事が起きている現状」が理解出来てくるのです、残念ながら。

「諸々の不祥事」が、ナゼ起きるのか。それは、学校や教育委員会が「混乱状態にある」からだと考えられます。統制が取れていないのです。「無秩序状態」なのです。

　そもそもこの「混乱状態」とは、どんなものでしょうか。方々の教育現場で「様々な問題が、何の対処もされずに先送りされ、山積して来た結果生じている状態」です。司令塔無し・無責任体制では、「立場の違う人の数だけ問題がある」ことになり、１つずつ並べれば、分類も難しい状況になると思われます。しかし、ここで「混乱」という視点が持てることが大事で、その視点から「混乱の原因」が見付かって来るならば、その「原因つぶしをすることで、混乱を収拾する可能性」が得られるのです。混乱の原因が解ったら、その混乱を鎮める方策を考えることが出来るのです。

　そのためには、現在の混乱状態を「ありのままに観察すること」から始めるのが良いでしょう。どんなことが起きているのか、相反する動きがないか、もめ事の原因を書き出せるか、等など、現在の状態を正しく把握することが大事な一歩になります。今、教育現場の混乱状態を把握する機関は在るのかどうか。たぶん無いと思われます。だから「混乱状態の実像」を認識することから始めるしかないでしょう。そして「混乱状況の見極め」を付け、「混乱状態の分類・整理する」ところから問題解決へアプローチするのが正攻法でしょう。そして「混乱を整理する」という視点に立てれば、大混乱でもつれた糸を解きほぐすことが可能になると思われます。

《大混乱も「根っこは１つ」リーダー不在》
　教育界で何もかもが混乱中なのは、銘々が勝手なことを言って行

動するため、《収拾が付かなくなっている》からなのです。この推論過程が正しいとして、且つその混乱の原因が、「司令塔無し・無責任にある」と解れば、対処は簡単です。その状況を無くせば良いのです。即ち、《責任ある司令塔を築けば良い》わけです。原因が解ったら、対策は立てられます。この混乱の原因は、「責任を持って統率する人が居ないため」に起きていたのです。

だから、この混乱状態を治めるには、「責任を持って統率する人」が現れてくれさえすれば、解決するはずなのです。その人が適任の人とすれば、「もつれた糸をほぐすように、話をよく聞いて、是々非々の判断で、問題を整理するだけで」ほぼ混乱は治まります。教育界の大混乱は、「教育界の司令塔無し、（全般）無責任」の横行で、且つ、誰も火中の栗を拾いに行こうとしなかったために現れた現象だったと、今の私は考えるようになりました。この推論が正しければ、この大混乱も「責任を持って統率する人」が現れてくれさえすれば、解決するのです。

そこで問題は、誰が「責任を持って統率する人」たり得るのかです。

・文科省が、国全体の教育行政の司令塔に返り咲くのは「ほぼ不可能」でしょう。
・文科省が、自治体単位に教育長を任命し、教育委員会をコントロールする案も制度的に無理でしょう。
・可能性が高いのは、「学校単位での建て直し策」でしょう。見識のある校長・学長のリーダーシップで、問題を整理し、必要な解

決策を決めて、実行に入れるようになれば、その学校の混乱状態は治まるでしょう。一人で現場を掌握出来る学校単位で、有能な校長・学長の手腕で「教育の建て直し」に取り組んでもらうのが現時点で、一番合理的な対処の策と考えます。

この３番目の策しか、当面の現実的な教育再建策が見えません。

混乱状態を治めるには、「責任を持って統率する人」を探してこなければなりません。その役目を受けてくれる人がどこに居られるかですね。

第4章 【提言①】船長型権限を持った校長が、今の教育を救う

　教育界で起きる「何とも不可解な事件」がどのような状況で起きてくるかは、解っていただけましたか。「司令塔無し・無責任体制」では、どんな組織・社会でも、似たり寄ったりの状況が起きてきます。無原則で・無政府状態になるから、ルール無しの大混乱になるのです。しかし、その混乱の原因が解れば、対処法があるわけです。その対処法を現下の教育界に適用すれば、混乱が鎮まると推測出来ます。即ち、「責任感のあるリーダー」が、組織の経営の任に当たっていただけるなら、徐々に、秩序が出来てきて、混乱が治まると思われます。

　そこでです。現在の混乱を治めるために「採れる方策」を考えると前述した次のような選択肢からの選択と思われます。

・文科省が、国全体の教育行政の司令塔に返り咲くのは「ほぼ不可能」でしょう。
・文科省が、自治体単位に教育長を任命し、教育委員会をコントロールする案も制度的に無理でしょう。

・可能性が高いのは、「学校単位での建て直し策」でしょう。見識のある校長・学長のリーダーシップで、問題を整理し、解決策を決めて、実行に入れるようになれば、その学校の混乱状態は治まるでしょう。一人でも現場を掌握出来る学校単位で、有能な校長・学長の手腕で「教育の建て直し」に取り組んでもらうのが現時点で、一番合理的な対処の策と考えます。

　この３つの選択肢から、採り得るのは３番目の「見識のある校長・学長のリーダーシップで、学校単位で教育の建て直し」に当たってもらう案だろうと思います。これが、取り敢えずの「妥当で、実現性のある案」だと思います。そう考える故、この後、「見識のある校長・学長のリーダーシップでの教育の建て直し」について論じたいと思います。

《ここで、「船長」のことを考えてみましょう》
　ここで私が提案したいのは、学校の現状を解り易くどう捉えるかということです。
　提唱したい現状認識の姿を《どの学校施設も、船長不在で、漂流する小型船》と考えるのが良いと思いつきました。その表現のポイントは、「船長さんの役割」にあります。船長は、「海上で、船の全状況に対応しなくてはいけない人」だと言うことと関係します。「混乱状態にある学校の姿」と「船長不在の船の姿」が重なります。混乱状態の船も、混乱する学校も、同じ状態です。共に、司令塔無し・無責任から来ているのですが、船長さんは「一人で、あらゆることに責任を持ち、秩序を維持しなければならない」のです。大変

なお仕事ですが、昔からその任務に耐えて、船の安全航行に寄与してこられたのです。これは、船長に関わる伝統でもあるのです。不可能では無いのです。

《船長は、「海上で、船の全状況に対応する人」》

◇船長は、「海上で何が起きるか解らない状況に、オールラウンドで対応する人」なのです。日本では、20トン以上の外洋航行が認められている船では、船の安全航行と船内の秩序維持のために、船長の権限と義務が法律で決められています。その権限がなければ、「船の安全航行と船内の秩序維持」が出来ないためです。外洋では、パトカーも救急車も直ぐ来てくれるわけではありません。しかし、乗り合わせる船員から乗客まで、様々な日常生活が船上でもあるわけです。その環境で、何が起きるか解らない状態で、船を安全に運行してくださるのが「船長さん」なのです。逆に、船長さん役が居ないと、「司令塔無し・無責任体制」になってしまいます（船では船長役の順番が法律で決まっていますが）。（船長の規定等／巻末注）＃2を参照）。

この船長の立場と「混乱している学校を鎮める校長・学長」の立場が、重なりました。司令塔無し・無責任の学校に「取り敢えずの、秩序を取り戻す」役割がオーバーラップしたのです。現行の管理だけしている学校運営では、「探しても司令塔はありません」。そして、学校内は、基本、無責任な社会だとしたら、《秩序を取り戻す》には、「船長の権限を持ってやってもらうのがいい」と思いついたわけです。船長は、それなりの権限と義務を負っていますが、「船上

のあらゆる問題に対処しなければならない」のです。無責任に逃げていれば、船は最悪難破して沈没してしまいます。何としても一人で、全ての問題に対処しなければならないのです。それだけの責任感と覚悟を持って乗り組んだ船長さんならば、「船上で起きる何事に対しても、一人で、対処可能」なのです。

　この状況を混乱している学校の状況と対比すれば、「校長・学長」が正に船長の持っている権限と義務に準ずるものを持って、学校という船を正常化して頂けるとありがたいと考えるわけです。学校の混乱は、「司令塔無し・無責任体制」が原因だと考えると、《船長に準ずる権限と義務を負った校長・学長が、学校単位の全問題解決に責任を持って任じてもらう》のが、かすかな希望なのです。但し、権力大好き人間が、船長型権限を持った校長・学長になって行き過ぎると危険なので、「リコール権を付けるのがよいと思われます。（その学校組織の投票権者？の２／３以上の賛成で、リコールされる）」。この任に当たる実際の校長・学長の権限の中身は、地上勤務であり条件も違うので、もっと議論しないといけないと思いますが、当面は「リコール権」を成文化して加えるとして、後は、学校の再建という役目を引き受ける校長・学長の「個人的見識」を信頼するというのは、妥当で合理的判断だと思います。こんな場面では、何よりも「リーダーの見識」がものをいうと思うからです。だから訳の解らない事件が起きている学校に、なるべく早く「船長型権限を持った優秀な校長・学長」が乗り組んで戴くのが良いと思うのであります。これが現下の教育界での「最良の問題解決法」だと思うわけです。

こういう話に展開してきたのには、理由があります。それは以下に紹介する「学校の再開発事例」を目の当たりにしたからです。紹介する事例では、「船長型権限」を持っていない状況なのですが、リーダーシップの知識と多くの体験を持っていました。そして、現行の法律の範囲で対応した成功例になります。「有能で見識のある校長・学長」の手腕で、学校単位で正常化してもらえたら、現在の学校を取り巻く難局を即時的に乗り越えていけるのではないかと期待するわけです。

そして、気が早いですが、優秀な船長に舵取りを任せて、すぐにして欲しい学校改革があります。

《イジメを止める》

イジメ事件多発、イジメによる自殺事件も増加中。教員が子供をいじめるケースもしばしば起きてきています。さらに教員が、同僚教員をイジメるケースすら起きています。見てみない振りが横行しています。これを止めないといけません。これまでの校長は、教育委員会の方ばかり見ているヒラメ校長が多くて、学校の教育に「うまく関われていません」。イジメは動物的な行為で、人間は人間性を高めるように生きないといけない事を説き聞かして、学校構成員全員に「イジメはいけない」という価値観を行き渡らせるように働き掛けてもらいたいと思います。この問題は、緊要な問題です。

《大学卒業資格を厳しくする》

大学に対しての要望を言わせて頂きますと、国の政策に振り回さ

れること無く、「学生に信頼される大学」に成らねば、先の経営の展望も立ちませんよ。今、大学に一番望まれていることは、「実力の備わった人材を卒業させる」ことです。大学はレジャーランドだと言われて久しくなりました。その意識が学生に定着して「勉強しなくなりました」。今、日本の大学は、学問の質と学生の卒業時の能力を高めなければなりません。とりわけ、卒業判定を厳しくして、大卒の資格に見合う能力・技能を身に付けて卒業させることが求められています。これは大学が決心すれば直ちに実行出来ることで、最終出口を厳しくすると、卒業証書が欲しいのならば、学生は勉強しますよ。「頑張るしかないでしょう」。大学が卒業判定を厳しくすれば、自動的に下の学校にも良い影響が及ぶと考えられます。

　「優秀な船長さん・校長・学長先生」には、これらの当面の課題にも挑戦して頂けるとありがたいです。

第5章 【提言②】教育界に必要なもの⇒
　　　　リーダーシップの考え方

《教育界の組織的欠陥！
リーダーシップの考え方が欠落していた》

　4章の「船長型権限を持った校長が、今の教育を救う」という文章が、私に思い浮かんだのは、この民間教育白書の「共同研究者の一人、竹本三保、女性」から色々教えてもらったことが影響しています。極論すれば、提言の後半分は、竹本の話がヒントになり生まれてきたようなものです。なぜなら、自衛隊ベースの竹本が、大阪府立高校の民間人校長として体験した多くのことが、「私の知らないことだったため」です。自衛隊ベースの彼女が、文化のかなり違う教育界の校長というリーダーの一人として入り込んで、「自分の身上とするリーダーシップを発揮して、校長としての立派な実績」を作ったのです。その武勇伝を聞いても、当初よく解っていなかったのですが、しっかり聞いていくと「教育界の持っていた組織的欠陥の指摘」になっているのが解り始めてきたのです。その問題指摘の観点が理解出来た頃から、「これはエライことですよ」と、私の頭が回り出したということになります。

彼女の校長成功体験談の根幹は、自衛隊流「人使い術」がうまく機能したということでしょうか。「校長職の職務実行に際して、《リーダーシップを発揮して》諸々の問題を解決して行った」という話になるのですが……。

　彼女の常識とする常識が、なんと我が教育界の常識に無かったのです。初め話を聞いていて、上手に教職員をリードしていったなぁと感心しながら聞かしてもらっていたのですが、その武勇伝の背後が理解出来ていませんでした。何度も話を聞く内に、彼女の経験と私の経験とに、大きなズレを感じたのです。そのズレの実際は、「なるほど、自衛隊では当たり前のように処理出来るのに、教育界では、持って回ってあれこれするが、しばしば最後まで決着しなくて処理に至らなかった」というものでした。彼女のそんな体験談と私の経験とでは大きな開きがありました。

　議論をし合って一年ぐらい経って、どうも「自衛隊と教育界では、文化が大きく違うなあ」と気付きだしたのです。自衛隊の方が上手くいっていることは確かだと思うようになったのです。結果的に、その気付きが、「教育界の組織的欠陥」を発見させたのです。

　自衛隊なら、常に部隊の運用にリーダーシップは不可欠のものなので、「校長職を勤める時も、ごく自然にリーダーシップを発揮しなければならないと考えて当然」なわけです。自衛隊発想では、《問題解決の基本に、リーダーシップあり》だったわけです。ところが、教育界の文化には"そこが、完全に抜け落ちていたことに気付かされた"のでした。事情が解ってくるにつれ、「こりゃあ、エライ組織的欠陥だ」と感じるようになりました。この組織的欠陥を

克服しないと「教育界の混乱は治まらない」と思えてきました。教育界の習慣では、なかなか「意志決定が出来なかった」からです。

　私は、若い時から「孫子の兵法」等の戦略本に興味があり、一応知識としては、リーダーシップ：統率を理解していたはずでしたが、「如何せん、教育界に長年浸ってきましたので、リーダーシップのことを忘れ、教育界の体質が染みこんでいた」ようでした。教育界の体質に浸りきっていると、残念ながら学校運営に《リーダーシップを発揮する》という思考が働かなかったのです。頭は固く「会議の過半数で決める」のが教育界の決定原理だという常識が居座っていたみたいです。教育界のやり方は、時間の掛かる面倒なやり方だと少しの不満は持っていましたが、これが教育界のルールだから仕方が無いと思って諦めていました。こんな固い頭に、自衛隊仕込みの民間人校長の活躍話は、大いなる刺激になりました。

　彼女との、色々な教育談義を通して、《どうしたわけか、教育界にはリーダーシップの考え方が欠落しているという事実》にハッキリ目が覚めて、司令塔無し・無責任体制の現状を重ねると「予想外の姿が、見えてきたのでした」。その象徴は、「決められない学校の現実」でした。意志決定機関は、「ほぼ唯一職員会議・教授会等」でしたから、利害相反するメンバー達の中で、「一方に有利な決定」が出て来るはずも無く、議論しても決まらない、決めかねている状況が多かったのでした。このような思いの中で、彼女の話が新鮮でした。

　それで彼女のことを簡単に紹介します。竹本三保が、自衛隊の「１等海佐」を退職し、大阪府の民間人校長の試験を受けて、府立

狭山高校の校長として5年勤め、目覚ましい仕事をしました。詳しくは、著書をお読みください。巻末注）＃3。また彼女は、中学の頃から将来は、「国防」と「教育」に携わりたいと思っていた凄い少女でもありました。そんな思いを抱きつつ、先ずは自衛隊に入ります。当時、自衛隊は、男の世界で、上司から辞めろやめろと言い続けられる中、女性自衛官の道を切り拓いて行きました。その後、自分のロマンの完結のために、教育分野に転職しようとまっしぐらに民間人校長の試験を受け、かなりの倍率の中採用が決まったのです。こんな感じで、彼女の人生は苦難苦難を乗り越える大変な人生を歩んで、今日があるようなのです。

　ここでの校長職の実績として、象徴的な意味を持たせて一つのケースを紹介しておきましょう。それは、大阪府立狭山高校を率いて5年間で、「チームさやま」と称する「一体感を作り出し得た」ことに関係します。チームの構成員は、教員を始め職員、生徒、保護者、卒業生及び地域の人々を含むチームと考えてください。それだけの人々を5年間で狭山高校の応援団にしてしまったのです。そして実績として「チームさやま」を対象とする文部科学大臣表彰を受けたのです（実際の表彰は、後任の校長が受けました）。誰でも出来る仕事ではありませんが、彼女は5年間の頑張りで、その他多数の成果を上げて、多数の教員、生徒、保護者に喜ばれつつ、高校も退職したのでした。

　長い彼女の紹介文を書いたのは、「司令塔無し・無責任体制」にある教育界で、孤軍奮闘して5年間で、一つの高校を更に素晴らし

い姿に変え得たという事実を伝えたかったからです。ナゼなら、先に述べた「提言」が、机上の空論でなく、実績のある具体的な話に基づいた「提言出来る、証拠付きの話」であることを強調しておきたいからです。

《校長が、リーダーシップを発揮して「学校を再建」する》

前章で述べているように「多くの学校・大学は、船長無く漂流している、小型船」のような存在なのです。その船上では「思いも掛けないことが多発している」のです。こんな状況下で多様な問題をうまく問題解決に運べる「殊の外、大事なマンパワーがあるわけです」。船長さんです。有能な船長さんが一人居れば、「漂流船が、たちまち正常な運行になり、船内の秩序も維持出来る」ようになるのです。

色々な不祥事が多発する「学校」は、正に漂流状態にある船です。会議は開くけれど、結局決めないので従来路線で走るしかないのです。その学校に、見識のある校長が一人乗り込み、適確にリーダーシップを発揮すると「たちまち正常な船に出来る」ということが言いたいわけです。そのことを証明した、一つの成功例を根拠に「有能な船長さんの働きぶり」を考えて頂きたいのです。

「有能な船長さんに乗り組んでもらう」この方法は、現在の混迷する日本の教育を救う一つの確かな方法だと確信出来たのです。それで、この方法を強く押したいのです。この方法のポイントは、「問題に対して、何かの対処をする」ということです。教育界の欠陥は、決められないことなのです。ここでは、会議で決めるか、リーダーが決めるかの方法で「決める」ということです。このやり

方は、現行の法律内でも運用の変更で実現出来ると思われます。事実、竹本は、民間人校長として、現行の法律内でその仕事を達成して来たのです。教育界の無責任体制の欠陥をリーダーシップを活用して克服して来たのです。

《リーダーシップ発揮には》

リーダーシップの考え方の根幹は、「組織の最終的決断は、リーダーの決定に委ねる」ということです。この原則が守られないと組織は動けません。組織が動くということは、目的を決めて、それに向かってメンバーが一致団結して最適な行動を起こすことです。良くても悪くても、策を決めて実際に動くことが肝心なことなのです。策が間違っていれば、正しい策で再出発すれば良いのです。決められないのが、最悪なのです。決められないと動けないから、問題が先送りされるだけになり、問題が増えるのみなのです。対処が有るか無いか。「何事においても、先送りされるだけが一番まずい」のです。

リーダーシップの考え方には、「決めて、動く」という必然性が用意されていると言えます。だから、ここで登場する新しい校長がリーダーシップを採る場合、「何らかの解決策を決めて、具体的に対処する」ことが必然的結果として期待されているのです。この場合、何より大事なのは、「リーダーが対処策を決める」ことなのです。決めれば組織は、組織の存在性に掛けて、何なりかの動きをするはずなのです。その時、組織の方針に当てはまらない問題に対しては、校長の個人的「見識」に委ねるのも一法だと言うわけです。

その場合、校長は、起きている問題の真相を掴み、自分の考え方で「より良い解決策を決めて、部下に具体的対処を指示して、実行させれば」、１つの問題が解決に向かうのです（失敗もありますが）。この問題対処のプロセスが、まさにリーダーシップの発揮です。

　このやり方の長所は、リーダーの見識で、あらゆる問題への対処が可能になることです。船長型権限を行使することで、漂流中の小舟のコントロールは、復活します。混乱状態に見えた問題が、船長の見識で「多様な対応で処理できる」訳です。かくして、「司令塔無し、無責任体制」は、小舟の範囲ではあっても「優秀な船長一人」の手腕で解消されるのです。「司令塔無し、無責任体制」下の混乱状態では、「決めて、対処する」ことが何よりも大切なのです。これだけで各学校（小舟）は、学校単位で、生き返るのです。優秀な船長が、船の指揮を執ってくれさえすれば、この難問が克服出来るのです。小さく対処して、大難を克服するのです。この問題解決法は、「先送りを繰り返してきた組織の多くで、現在の問題解決の大切なひな形」と言えましょう。無責任体制にある諸々の学校組織に対して、現実的で有効な対処法の一つであることは間違いありません。

　但し、問題が出て来ます。《リーダーシップの採れる新しい校長》という人材を如何に確保するかということです。「新しい校長」を教育界でも養成し、民間からもスカウトしてくることが次の大きな課題になります。

《新しい校長の勘所と問題解決への意志の持続について》
組織運営の勘所を理解した優秀な船長（新しい校長）が、「現場

の状況を把握して、適切な対処の指示が出せることが」現在の教育再建の要点のように思われます。この時、問題対処で「実際上の大事な問題」があります。新しい校長は、「合議制での決定も否定しないが（参考にするが）、決定を放置して、多数の無責任にしない」という意志を明確に持ち続けることです。この実質の意味は、「リーダーとして何なりかの決定をする」必要性を自覚し忘れないことです。従来の失敗は、議決が決まらないまま放置したので、先送りで問題を増やしてしまったのです。そうではなく「問題がある」なら、その問題を解決する方向に進める意志を持ち続けるということです。新しい校長は、問題があるなら「問題解決が必要だ」と考え続けられる人でないといけないのです。その心掛けが、新しい校長の真骨頂なのです。問題対処のためには、「決定し、実行する」プロセスに入らねばならないのです。

　これまでの決められない会議では、「決定し、実行する」プロセスに入れなかった訳です。そのことに気付くならば、「決められない会議」の重大な組織的欠陥を見逃すべきではないのです。「決められない会議」こそが大きな欠点で、そんな会議を繰り返していることに疑問を持ち、「会議の過半数の議決の妥当性」を各自がチェックする雰囲気が必要なのです。《問題があるなら、着実に対処して解決して行く》という意志を構成員全員で共有できるように導く必要があるのです。

　決められない文化では、問題を山積することしか出来なかったのです。だから「問題に着実に対処していく」という新しい文化を導入していかないといけないのです。その新しい文化の象徴として「新しい校長」というリーダーが活躍していただければ、ありがた

いと思うわけです。

《新しい校長は、「決めて」問題解決に取り組む人》

　竹本の話を聞いていますと、狭山高校校長の仕事が上手くいった背景に、何と言っても「リーダーシップの発揮が役立った」ようなのです。リーダーは、戦略を練り、方針を決定し、決断を伝え、実行していって問題解決に至るのが常道です。そのため要所要所で、「校長の扱うべき仕事だと判断した時は、問題を自分に（校長の職責として）引き取り責任を明確にして、最後まで処理しています」。これが正に「リーダーシップの発揮」で、リーダーが最終責任を持たねばならない問題と認定したら、それを躊躇無く公言して、問題を引き取り対処しているのが、当たり前とは言え素晴らしいところです。従来の校長はこんな場面でどうしたか、（校長の問題と考えられなくて、学校の問題として）会議に諮り、結論が出れば、その結論通りに行動するし、結論が出なければ、何もせずに放置したでしょう。会議で決まらなかったら、決めようが無くズルズル先延ばしにするしか無かったのです。

　新しい校長と従来通りの校長とで、対処が全然変わって来るのです。リーダーシップの文化では、「最終的決断は、リーダーの仕事」になるのです。それは即ち、「決める文化」なのです。リーダーシップの文化では、「最終的にリーダーが決める」ということが、組織原則とも言えます。それがリーダーの責任（社長も同じ）なのです。社長の仕事は、「決断」なのです。リーダーが決めれば、「決めないことを繰り返す」最悪の組織的欠陥から脱却出来ることになります。

ここが、ある種「文化の違い」でした。竹本の成功の背後には、自衛隊の文化が強く働いています。彼女の学校運営の多くの場面で、「リーダーシップの発揮」が功を奏しています。功を奏したその理由は、最終責任は「リーダーが採るもの」というリーダーシップ文化の不文律があるからです。即ち、リーダーシップの考え方とは、「リーダーの責任で、キチンと問題に取り組み、解決して行く仕組み」とも言えるのです。リーダーシップの文化の中では、ズルズルと問題を持ち越すことを認めていないのです。

　従来の教育界では、「校長は、組織的にはトップであっても、組織運営上のリーダーではないため」、自らの責任として問題解決に当たることを求められていなかったのです。ここが、あれこれ多くの問題を貯め込んできた教育界の最大のネックだと解りました。これまでの教育界には、「組織運営の基礎に当たるリーダーシップ論が抜けていた」のです。それ故、この欠陥を素直に認めて、「リーダーシップの要諦を教育界に普及させねばならないでしょう」。そうすることで初めて、ズルズルと問題を持ち越す文化から卒業できると考えられます。

　新しい校長は、その意味では「決める人に変身する」わけです。そこさえ理解出来れば、世間一般の組織運営のノウハウと大きく違うことは無く、「組織の長が、責任を持って決める」というごく当たり前の文化に仲間入りすることになります。
　この辺で、教育界は、リーダーシップの考え方を導入しないといけません。リーダーシップの考え方は、ズルズル先送りする対処を

良しとしません。対処策をリーダーが決定し、問題解決に進む文化
だからです。解ってみれば「教育界は、決める文化を持っていなく
て、決められない問題を山積みにしてきた」わけです。それが、
「司令塔無し・無責任」状態を創り上げてきたのです。何とも情け
ない話です。この現実をよく考えて、新しい文化を取り入れるべき
時ですね。

　ここまで解って来ると、「これまでの教育界の決めずにズルズル
先送りする文化」こそが異常だったと考えられます。どうしてそん
な不合理な文化が持ち越されてきたのでしょう。冷静に考えたら不
思議ですね。民族性にあるのか、教育界の世間から外れた異常性に
あるのか、「決めずにズルズル先送りしてきた」文化は、どこにそ
の源流があるのでしょう。

《教育界では、なぜリーダーシップの考え方が抜けているのか》

　頭を冷やして考えれば、組織運営のためには必須のリーダーシッ
プが、「これまでの教育界では、殆ど無視されてきたか、意図的に
欠落させてきたか」と考えるべきでしょう。それにしてもナゼ、教
育界の文化に、「リーダーシップの考え方が無かったのでしょう」。
私の経験では、リーダーシップは教育界の勉強としてはしたことな
いですね。研修や講義で、組織運営という観点からリーダーシップ
が教えられたことはないですねぇ。リーダーシップを例外的に耳に
したのは、教科としての「体育のチームプレーのところで、リー
ダーシップが取り上げられていた」様に思います。考えれば、不思
議な事ですね。

　教育界も、子供・保護者・教員・一般社会人等、利害の違う多数

の人間を相手に活動している訳で、考えようによれば自衛隊より複雑な人間関係の中で動いているにもかかわらず、「なぜリーダーシップの考え方が無かったのか？」。その事実に直面し、腑に落ちない気持ちです。今でもそうです。教育界は、なぜ、リーダーシップ抜きで来たのでしょうか。戦前はどうだったんでしょうか。組織運営が必須の教育界だったら、理屈の上で「当然ながら、教育界にも、リーダーシップの考え方は、必須のものだ」と思えるのですが、なぜリーダーシップ抜きで来たのでしょうか。リーダーシップが考慮されなかった理由が解りません。

《【提言②】　教育界に必要なもの⇒リーダーシップの考え方》

　そうなのです、部隊と言い、組織と言い、２人以上の人間が、共同行動を取る際には、誰かがリーダーになり、号令なり指令を発する必要があるのです。「船頭多くして、船山に登る」のことわざ通り、"みんなが好き勝手なことをしていては、事はならない"のです。この言わば、組織論の基本中の基本であるはずのリーダーシップ・統率のことが、理由は解らないのですが、「教育界では、これまで教えられませんでした。研修もありません」。これは、「組織を動かす必要のある教育界としては、《組織的、欠陥》であるように思えます」。そういう現状にやっと気付けましたので、「リーダーシップ・統率の欠落」しているが故に、教育界は、不可解な事件が起き、大混乱を起しているのです。この現状を指摘することが、この白書での大事な提言の一つになりえると思います。長年の《組織的、欠陥》を補わなければならないと思うからです。この時点で、教育界は、研修の大事な学習項目として「リーダーシップ・統率

論」を学ぶようにしないといけないと思います。

《これまでの教育界の文化、「管理在って、統率なし」》

　教育界では、これまで「管理在って、統率なし」で来ました。気付けば、教育界では、組織運営の考え方としては、「管理：マネージメント」だけしか有りませんでした。「管理：マネージメント」の意味は、「既にあるものを何時でも利用可能なように維持していること」と一般的には理解されています。それに対して、「リーダーシップ・統率」の意味は、リーダー：指揮者が号令を発して組織を一定の方策の通りに動くようにすることです。管理と統率は、目的とするところが根本的に違います。管理は、「決められたことに、どう対応するかが主な仕事になります」。だから管理では、既知の事に対しての対応策が示されます。それに対して、統率・リーダーシップは、組織の随時の運用ですね。こっちは、「TPOに応じて組織をどう動かすかを考え・指揮する」ことで、未知の事への対処も大事な課題になります。管理は、マニュアルが作れますが、統率は、実際場面で具体的に対処することが基本で、マニュアル化は出来ません。その意味で統率は、今の事態にどう動くかが、主なる問題で、組織活動に目的と方向性を与えるものです。それ故、統率：リーダーシップは、組織活動の要です。

　統率と組織活動の重要性を踏まえて、教育界の「管理在って、統率なし」を文字通り解釈するなら、「教育界には、元々統率者は居ない」ことになります。そうだとすれば、統率なくして「組織を動かそう」と考えていたことになります。それは、組織論的には、明らかに矛盾です。そもそも統率の無い組織論は、原理的に成り立ち

ません。その社会的実証として、現在の教育界の混迷状態が起きているとも考えられますが、それを実証するためにしていたと考えるとエライ皮肉ですね。

　それにしても、現状の教育界は、まさに「司令塔無し・無責任体制」ですし、《リーダーシップの拠り処》が見当たらないところになっています。だから、厳しく表現すれば、「組織活動が出来ない組織」と言い得るわけです。存在意義を活かせない状態の組織になっているわけです。だから船長一人ででも解決出来る「ちょっとした問題解決すら出来なくなっている」のです。教育界のこの現状は、思いの外深刻な状態にあります。国民は、この現状をしっかり理解しておく必要があります。

《教育界にリーダーシップを根付かせる必要あり》

　このような現状に気付けば、「教育界の組織的欠陥にあたる統率：リーダーシップ概念の欠落」を無視して具体的施策を進めるわけにはいきません。大混乱の奥の原因として「組織論に欠陥が見付かってきた」なら、当面対処すべき具体的問題にも対処しなければならないでしょうが、優先順位が変わります。

　教育界に「今、必要なもの、それはリーダーシップ」なのです。優先順位１位で手を付けなければならないことです。言い換えれば、「決められない文化」からの脱却として、「決められる文化」を導入しなければならないのです。経験の無い、この新しい文化の導入を真剣に進めないと、「決められないで混乱し続ける教育界を抜け出られない」と思われます。そのためには、《これまで教育界は「決

められない文化」で来たのだ》という現状認識を正しく持つと共に、そのことの「反省を教育界で共有すること」がとても大事だと思われます。

　そのためにも「教育界にリーダーシップを根付かせる必要があるのだ」と広く理解して、リーダーシップを根付かせるという自らの責任感を自覚する必要があると考えられます。これまでの教育界は、「決められない文化」で来たわけです。「決められない文化」を卒業するには、リーダーシップの考え方を導入するのが論理的にも妥当な対応になります。これまでリーダーシップ無しにやってきたから、まともな組織運営が出来なくて、問題が正当に解決されなかったのです。この現状を真摯に受け止めたならば、正に優先順位１位で、教育界に「リーダーシップの考え方」を導入し、何としても「リーダーシップの考え方」を根付かせねばなりません。これが一番大事な対策になります。

第6章 司令塔無し・無責任体制でも、教育が維持されているのはナゼか？

　ここまで書いて来て、ちょっとよそ見をしてみましょう。

　日本の教育は色々な失敗を重ねて、今にも崩壊するような状況なのです。正味、まともには機能していないのです。文部省の裏切りと教育現場の無責任体制で、大混乱している日本の教育の現状なんですが、「どうしたわけか、壊れそうに見えても、壊れずに最低限の働きを維持している」のです。それが不思議なのです。

　私の目で見ると、今の日本の教育の内実は崩壊しているのです。でも現実には、健気に教育はまだ「生きているのです」。どのようなメカニズムで、誰が支えているのでしょう。日本の教育の土性骨がまだ生きているのですよ。

　このことに気付いたのは、この白書を書き進めてきて気付いたことなんです。司令塔無し・無責任体制で30年も来たら、教育の状況は「もうグチャグチャ」です。私には、その姿がやっと見て取れるようになったのですが、「中は、グチャグチャながら、外の構えが残っているんです」よ。《現実には、多くの問題をはらんで教育の中身は溶解していて実質を留めない位なんですが、入れ物なのか外身は、最低限、機能している》のですよ。考えられないくらい不思

議です。内実は崩壊しているのに、なぜなのでしょう？、見かけは、生き延びているんですよ。そのことが妙に気になってきたのですよ。調べないと気持ちが悪いのですよ。

　考えていきますと、江戸時代の寺子屋から、明治期の学制で津々浦々に学校を作ってきた「日本人の教育への大変な思い」が、現在も色濃く生きていて、その思いが「ダメな教育に尚も期待を掛けて」無言の応援をしてもらっているからだと感じて来ました。中身は殆ど機能していない教育の実情を知りつつも、応援しないわけにはいかない日本人の心情を感じないわけにはいきませんでした。その応援で「表面を繕っただけの教育」が死なずによく生き長らえているものだと感じ入った次第です。

　少し分析を進めると、これが実に不思議なんですが、指導理念も司令塔も無いのですが、非効率ながら、学校が一応機能しているのです。ナゼそんなことが起きているのか？　学校システムが、最低限のレベルながらも「一応機能している」のです。なぜなのですかね。

　不思議なのは、日本の殆どの教育システムは、《暗黙の方向性を持って》非効率ながら、一応機能しているのです。なぜ機能麻痺にならないのでしょう。学校では、一年刻みで、卒業し、入学してくるのです。自然発生的に、暗黙の確認のように、「子供達は、学校という施設を通過していくのです」。「司令塔無し。責任感無し」で何を学んでいるかハッキリしないような学校に、季節が自然に巡るように「学校は、卒業させて、入学させている」のです。不思議ですねぇ。自然現象のように学校システムも「自然運航してもよさそ

うな要素」はありますが、教育は、人為的要素が殊の外多いので、自然の営みと考えられませんね。それなのに、どうして教育システムは、自己運動するのでしょうか。その動力源は何かが気になってきました。考える内に、「意外な気付き」に出会ってしまいました。

《日本の教育システムは、実は「進学戦争」が維持していた》

　日本の教育システムが、非効率ながら、一応機能しているのは、「進学戦争」が繰り広げられているためだと「新しく解釈出来ました」。なんと「進学戦争が、学校システムを働かせていた」のです。この意味分かりますか。これまで考えもしなかったことです。しかし、この文章を書きながら、この事実に初めて気が付きました。

　曲がりなりにも教育システムが存在・機能しているのは、意外にも「進学戦争が機能していた」からだったのです。司令部が無くても「進学戦争」という戦争は遂行出来るようで、この戦争のお陰で「不完全ながら日本の教育システムが機能していた」のでした。この発見は、全く全く予想しない展開でした。

　どういうメカニズムで、進学戦争が、学校システムを動かしているのでしょうか。それは、「進学戦争」の武器が「テストで合格するための知識」だったためです。この戦争を戦い抜くには、「知識」がとても大事な武器になったのです。「進学戦争」を勝ち進むには、《入試テストに「求められている答を答える」必要があった》のです。別に本物の知識でなくて良いんです。「テストに合格するための知識」を憶えていることが重要なのです。

　それでは、一応機能している日本の教育システムの実際の姿を分析していきましょう。昔、全国の学校が、ほぼ正常に運営されてい

た頃、「成績未達の子供達に、学校の先生が《補習》という課外授業をしていました」。そんな時があって、徐々に「勉強をサポートする種々の塾」が成立するように成り、進学に特化する塾が現れ、昨今ではそれが当たり前に成り、特に都市部では「進学のための知識を授ける」という機能では、学校より塾が優位に立ってきました。ゆとり教育が始まれば、その傾向はさらに顕著になっていきました。最近の子供達は、スポーツか塾かで「睡眠時間も削って頑張っている」そうです。それほど進学戦争が加熱しているとも考えられます。子供がかわいそう・気の毒なくらいです。これも現在の日本の教育システムの一断面です。

《この戦争は、何のために戦われているか》

　こんな状況が、ナゼ起こってきたかを考えてみますと、「親御さんの子供を大学に行かせたい（プロのスポーツ選手にしたい）」という希望です。これまでの日本では、「学歴信仰」が強くあったのです。大学を出れば、良い人生が送れると信じられていたのです。現在もまだその戦争は継続中で、子供が生まれたら、自動的に大学に行かそうと考えているらしいのです。その民衆のパワーこそが、「理想の姿を大きく外している現在の学校システムであっても」、最終的に「大学卒業」という目的を達成すれば、人生の前半を走りきったと考えているようなのです。その目的を達するために、「大学に入り、無事卒業資格を得なければならない」のです。その過程にこそ、戦争状態があるというのです。

　その戦争を多くの国民が必要と考え支持していたのです。その結

果、子供を教育するニーズが理解され、入試で合格するための「知識を必要としていた」のでした。この入試に合格するという現実的ニーズに立脚して日本の教育システムを眺めてみれば、幼・小・中・高・大学は、みな「進学戦争」という戦争のお陰で「存立を維持していた」のでした。内実の伴わないような大学も「実は、進学戦争」という社会的仕組みによって支えられているようなのです。こんな大学も、「卒業証書」を発行してくれさえすれば、それなりの存在意義があるわけです。実際に存在している幼・小・中・高・大学は、今述べた仮説が正しいならば、「進学戦争のお陰で」存在価値を持っているようなのです。（解らないのは、この後も同じ戦争が続くかどうかですね）。何と、みな「進学戦争」という戦争のお陰で「存立を維持していた」と言えそうですね。

　予想外でしたが、こう考えられるそれなりの根拠がありそうです。リーダー不在なれど、ここ日本では、「民の底力で社会は動いている」のです。これが予想外の景色だったんですが、正しい真相のようです。「民の底力」が、支離滅裂に見える社会を動かしているようなのです。その代わり皮肉なことに、大学は、「卒業資格以上を求められていない」と知っておくべきでしょう。「民のパワー」は、当然ながら現実主義です。それがベースでしょう。仕方がないことです。しかしながら、民のパワーは絶大のようです。進学戦争に参戦する必要から、「司令塔無し。無責任」というダラシナサは棚上げされて、目的の大卒資格に直結する思考法で、中身は不問で、形式を整えれば、それで良しの御利益信仰なわけです。それも、仕方がないことでしょう。現在の日本の教育システムが「かくも現実主

義に立脚して維持されている」と思うと妙な気持ちになります。とりわけ、気持ちが悪いのは、「供給過剰状態で経営状態の悪い教育システムでありながら、教育内容に期待を持たれていない現実」を見せられることです。現実主義に立つと人生と資格の獲得というのが「取引材料」になるのですね。そうは言いつつも、「進学戦争」というものが、現今の教育システムを支えていてくれたと考えることが「現状認識」として妥当なようなのです。

《進学戦争が変質したら＝大卒の品質を問うと？》

　ただ問題は、「民の支える大学」は、多くの矛盾を含んだままのものです。今までは、それらの矛盾を見ない振りして過ごしてきましたが、「矛盾が問題にされると」大学の状況は、一気に変わりますよ。即ち、「卒業の中身」が問題になったら、「中身の無い大学は、見捨てられますよ」。その時の来ることを理解して、一日も早く、内実の伴う大学になる努力をしないといけないのです。

　民のパワーが教育体制を支えてくれている間に、何とかこの教育状況を改善する対策はないかと考えますと、「一縷の望みが持てる対策」が考えられるのです。それが提案している、優秀な船長の乗船を求める方向に働くと、民のパワーに支えられつつ、保護者・生徒・学生本人の協力も得て、「なるべくなら教育内容の良くなるような方向」に大学改革が進むことだと思います。同じ卒業するなら実の有る方が良いでしょう。紙だけの大卒資格に頼るのでなく、払った学費の価値に見合う学習内容に関心を持ってもらいたいと望むところです。

　大学は、《安易に「民のパワー」を当てにしていてはだめですよ》。

ほどなく、民のパワーの神通力は無くなるように思われるのです。また、コロナ後にも、進学戦争が終結するかも知れませんよ。コロナは、見えないことを白日の下にさらしてくれました。大学の内実も可視化されましたよ。進学戦争が終結すれば、たちまち「大学の倒産時代」が来ますよ。大卒の価値が暴落するかも知れませんからね。コロナは、色々な隠れていた姿を「見える化」しました。世の中の実相がみんなに知れ渡りました。知識習得には、ネット学習の高品質が理解されるようになって、「学ぶ本当の値打ち」も徐々に広く理解されるようになるでしょう。そうなると中身の無い大学卒業証書の値打ちも再評価の対象になり、「学費が高すぎる」と解ると、「進学戦争」への情熱も失せ、ドミノ倒しで内実の伴わない学校は、存在を許されなくなるでしょう。激しい変化が来ますよ。「進学戦争の終結」になれば、教育界に新しい時代が始まりますね。「進学戦争」が無くなれば、幼・小・中・高・大と全域で「教育ニーズが低下します」。この戦争が終結すれば、どういう結果が来るかを関係者はしっかりと見ておかねばなりません。

　「民のパワー」が、品質の良くない現在の日本の教育を支えていた事実が本当だったか、ウソだったかは、「進学戦争の終結」になれば、結果を明らかにしてくれるでしょう。

第7章　日本の教育は、失敗しています。
　　　　若者の夢をサポートできていません

　教育が意義のあるものであり、持続可能なものであるためには、好奇心に基づいた、探究心のあるものでなければなりません。例えば、「教育の目的は何か？」という基本的な疑問を考えてみましょう。

　近現代社会では、教育は国家によって推進され、社会に参加し貢献できる市民を育成することを目的としたシステムとなっています。しかし、これは教育というより、共同生活のための社会的訓練です。

　特に日本では、教育は社会化のためにも使われます。日本の教育システムは、学習者に適合性と画一性を要求し、結果的に、個人特に子供から主体性を奪い、人間を潰しています。そのことに関しては多くの専門家が指摘しています。その上に勉強はできたといっても、必ずしも学んでいると言えません。楽しくない学びのために、多くの生徒が学校に行くことを拒否し、社会から脱落してしまいます。

　このような人たちは、後に、社会からドロップアウトして「ひきこもり」になる可能性があります。それが不満や鬱に発展して、最悪の場合、自殺に繋がります。日本では自殺が多い。日本の幸福度

が諸外国に比べて低いのは、この教育過程で人格を潰される等の不満のためではないでしょうか。

　本来の教育の目的は、「生徒が自分の可能性を最大限に発揮できるようにすること」です。そして、そのような教育環境に導くには、「生徒自身の中から向上心という原動力が生まれなければなりません」。そのことに関して、社会や政府は、義務教育をはじめとする枠組み、建物、教師、教材、さらにはカリキュラムを提供することはできますが、「向上心」という意欲は提供出来ません。

　また残念ながら、日本の教室では、原動力を呼び起こすことになる、最も重要な質問（アナタの可能性は？）が、実際に発せられることはなく、議論もされていません。この現状は、上記の「教育の目的は何か」の以前の問題です。

　「なぜ私たちはここにいるのか」、あるいは「なぜ私たちは生まれたのか」ということです。さらに、「私たちの人生の目的は何か？」の問いでもあります。

　これらは非常に重要な質問であり、一生かけて考えても答えが見つからない人もいれば、早い段階でわかる人もいます。良い教育、特に崇高な信仰、哲学、ディベートを含む教育は、生徒自身が自分が何者であるか、自分の人生の目的は何か、そして社会への貢献は何かということをより強く認識する助けとなります。特に自己存在感と健全な家族や地域の社会的関係と組み合わされた場合にはなおさらであります。

　このような質問にさらされた生徒たちは、より積極的に答えを求めようとするでしょう。その答えは人によって異なりますが、それ

は良いことです。

　つまり、教育とは、私たちが皆、ユニークであり、能力を持ち、存在価値があり、他人や国内外の社会に対して付加価値を提供できることを認識させることに焦点を当てるべきなのです。そして、本来の好奇心に刺激を与え、価値を提供するためのスキル（技能）やトレーニング（訓練）を得ようとするきっかけになることです。もし、教育が生徒にそのような刺激を与えないのであれば、その教育は失敗をしています。その意味で「日本の教育は失敗しています」。

　別の言い方をすれば、皆、夢を多少持っています。特に子供たちです。理想的な教育環境は、その夢を実現できる舞台を提供するものであり、夢を壊すものではありません。

　生徒が自分のことをよく知り、主体的に行動することは、自分に対する自尊心を高め、故郷や家族、国に対する関心を高めることにつながります。残念ながら、日本の教育現場では、「ウォー・ギルト・インフォメーション・プログラム」（略称、WGIP：敗戦後、日本を再びアメリカに逆らわせないようにするための政策）や、教職員組合の反国家的イデオロギー教育によって、日本に対する自己嫌悪が植え付けられています。

　こういう現実があるからこそ、日本の歴史や伝統に誇りを持つことが必要なのです。誇りといっても、傲慢ではありません。排他的主張や国家主義でもありません。愛国心なのです。『日本がもっと好きになる』巻末注）＃４。など、日本に関する高揚感のあるポジティブな情報を含む多くの教科書や読み物を、教室内外で採用すべきであります。

　日本が好きになれば、自分も好きになります。自分が好きになれ

ば、日本が好きになります。そして、より貢献したい人間になるで
しょう。教育には、そのような相乗効果があり、好循環です。

第8章　長期展望

　「教育は、国家百年の計」。国家的にも、社会的にも、「教育」が重要なことは自明ですが、何分「人間の総体として実現してくるもの」ですから、変化を生じさせるには「時間がウンと掛かります」。だから、教育改革には「強い意志を持ち続ける必要」があります。それ故、理想の理念を掲げたとしても、それを実現して行くには、《長期にわたる、改革の強い意志を持ち続ける》ことが必須で、思いついたことが直ぐ実現するという甘い考えではダメなのです。

　それで、8章は、この後さらに長期にわたって取り組むべきことを項目と少しのコメントを付けて書き出していこうと思います。項目部分は、「である調」で断定的に書きます。

　その際の「項目の重要度」と「達成目標時間」に関する記号を下のように決めさせてもらいます。

> 達成目標時間：（早）10年／（中）20-30年／（長）50年
> 項目の重要度⇒（最重要）＝◎◎／（重要）＝◎／（重）＝○

（早）◎◎《教育委員会制度の抜本的見直し。「教育基本法の改正」も視野に》

　戦後、軍国教育の復活が無いように考えられた教育基本法の中での「教育の不当な支配に服さない」ための条文も、軍隊に変えて「日教組（または連携した同様の組合）」の支配を容易にする効果を持った。そのことが、今日の教育の混迷状態をもたらす大きな原因になっている。教育を国の次元で考える時、地方教育行政機関の必要性は、自明のものと思うが、現在の「教育委員会制度をどのように改変し、日本の社会にマッチしたものにするか」を考えないといけない。とりわけ現行の教育委員会は、地方教育行政を担う中心機関で影響力が大きい。それ故、「教育の不当な支配にならないための対策」として、教育委員会の主要なポストまで含めて、「不適任者を辞めさせる」仕組みを制度的にキチンと組み込む必要がある。誰がリコールの投票権を持つかは検討しないといけないが、「リコール権を確保することが制度上大事だ」と強調したい。

（早）◎◎《イジメを止める⇒人間性の開発プログラム》

　「イジメ」は、動物世界の必然的産物。「人間性」とは、ほぼ動物性の対極にある価値観。人間の気高い生き方を学ばせて、動物性を払拭する教育プログラムを構想し、実施していかねばならない。弱い人を温かく見守り、人間として一緒に生きていくことを学ばせるのである。当面は、いじめた人間に罰を与えることに成ろうが、理想としては、倫理的・道徳的学習を意識的に教育に取り入れることで「人間性を高める教育で」イジメが自然と解決されるようにするのが大事な対応である。

(早) ◎◎《教育界にリーダーシップを根付かせる》

　この白書を書いて解ったことは、「戦後の教育界に、組織を動かすためのリーダーシップの考え方がなかった」ことだ。今般その大きな事実に気付き、教育界の組織運営での欠陥が明白になった。それで、なるべく早く「教育界全般で、リーダーシップの考え方を取り入れる」ことを提言したい。

(早) ◎◎《今風の教育理念の必要性》

　コロナ後の「新しい日本の教育ビジョン」を短期的に策定しなければならない。「ITやネット活用の今日的教育のイメージ」が自ずと見えて来たので、従来の教える教育から脱皮する必要性が明らかになりつつある。その具体的イメージを提案し、実現に努力する必要があると思われる。

・教育の自由化のために必要なこと。戦後の教育システムは、「文部省が、とかく管理的に国の教育システムを一手に支配しよう」とした。その結果、小さな事まで、許認可を得る必要が生じ、自由な教育の足を引っ張っている。今、日本の教育システムをゼロから見直す必要が生じているし、自由に任せるべき教育対象を定める必要がある。

・「世界平和」を目指す新しい教育理念を、世界が歓迎してくれる形で提示しないといけない。

・当面の今日的教育再建の方向性・理念を定めなくてはいけない。

(中) ◎◎《次世代の理想的な教育システムを構想する》

　人間性の開発⇒ネット時代の教育を踏まえつつ、エリート教育・

庶民の生涯教育等、現実に即した人材の養成と、誰でも、何時からでも「学びたい時に、学べる環境」を整えないといけない。教育にロマンを持ち、教育の予算を大幅に拡充しないといけない。

　教育の進んでいると評判のフィンランドでは、教員は「大学院以上の学識を有している」という。それはとりもなおさず、学習者が学びたい内容に即時に対応出来る能力を指導教員に求めているからだろう。この方向性はこれからの教育に必須のものと思われる。これまでの定まった教科書で、定まった学習をするというパターンは、今後通用しないだろう。そのための教員養成が研究されなければならない。

（中）◎◎《農耕民としての日本民族の欠陥を克服する教育を》

　集団的無責任を克服する学習を⇒これは一例だが、日本では「直接の責任者は誰か」が、とかく曖昧になり、国家的大失敗を何度も繰り返して来た。このような民族的欠陥を学ばせて、新しい世界で日本が、どのように対処する必要があるかを学び・研究させるようにしないといけない。「集団的無責任になる欠陥」を理解し、克服する方策を研究し、社会改革に取り入れる必要がある。研究がまとまれば、「日本人の欠点を補うような新々教育理念を文章化する」ことも必要と思われる。

・重要な局面での判断に、「責任者が署名した文書を残す」ことを法律にして、責任感を国民の教養として根付かせ全員が守るようにする。

・近代日本は、「空気なるもの」に引きずられて、間違った判断をした歴史を持つ。この事実に基づき「冷静で、論理的で合理的な

判断が出来る国民を育てる」。科学的・論理的思考ができる素養を養い、情緒的な判断に流れることが無いようにしたい。
・日本民族の欠陥を克服するための「集団主義での新しいマナー」を研究し、確立する。

(中) ◎◎《世界に対して「今後の日本の国家像を明確に示すべし」》

丸腰平和論は、理想論としてもまだ当分「現実的でない」。だから、近い将来の地に足を付けた理想像をベースにした「現実的な国家像を提示しないといけない」。⇒その姿を国民のコンセンサスにして実際に実行していくことが大事になる。

(中) ◎◎《WGIP 政策の終了へ》

戦後、アメリカは、「日本を再びアメリカに逆らわせないための政策」として、「WGIP（War Guilt Information Program）ウォー・ギルト・インフォメーション・プログラム政策」を発動して日本を統治してきた。戦後直後から GHQ（講和後は CIA が業務を引き継ぐ）は、日本統治政策として「WGIP 政策」を策定し、強力に実施してきた。そのための一つが、自虐史観の徹底という形を取った。その政策は、一貫して《日本を骨抜きにし、国を無力化するため》を目指して実行してきている。現在も継続している。世界の大きな変わり目に際し、アメリカと交渉して、この政策を終了するようにする。

《WGIP 政策に関しての教育面からのコメント》

・教育は、WGIP 政策に翻弄され、今日を迎えたと考えることも重要な視点と思われる。戦後、占領した米軍は「戦前の軍国主義教育が再現しないように意図した」。その大きなアイデアが、教育委員会制度と思われるが、述べてきたように「現在その制度改正の必要性が高まっている」。

・戦後教育の一貫しない改革は、時の政権の優柔不断のなせる業とも思えるが、「日本の教育の弱体化・崩壊へ」と間違いなく進んだ。その実行部隊として色々な主張の団体が、様々な方向性で、一貫しない働きかけを繰り返すのだが、「国を無力化するためのWGIP 政策」の現れと解釈すると、それぞれの主張や思想性の違い等にあった論理的不整合も納得出来てしまう。逆に、戦後に起きた多くの物事は、アメリカの日本統治の政策としての WGIP 政策が作用してきたと考えれば、論理的に繋がらないように思われる事柄が、一貫性を持って実行されている姿が浮かび上がるのである。

　すでに戦後75年という長期にわたって、日本とアメリカは、戦勝国と敗戦国という立場の圧倒的な違いを超えて、非常に良好な国際関係を築いてきたと言い得るだろう。それは、アメリカも認めるところと思われる。それだけの時間を掛けた交流で、「日本人の心情が理解出来たと思う」ので、そろそろこの辺で、アメリカに交渉して、その政策の廃止を求めるべきである。

（中）◎◎《WGIP 政策終了と来たるべき日米関係の構築に》

ただ、コロナ後は国際関係が大きく変化すると思われる。そこで、

日本とアメリカの「次の段階での付き合い方」を構築しないといけない。この後、日本はどんな国になっていきたいのかをしっかり考える必要があるのである。この後、属国を克服し、自立した独立国になれるのだろうか？　新しいパートナーシップが形成出来る国に成長する必要があると思われる。

（長）◎◎《世界平和を視野に入れた日本の教育の構築を》

　世界平和を展望しつつ、「日本民族・日本国」がより良く進化発展していけるように。

・日本は、ある面「本当にユニークな国」である。世界最長の王朝を持って、八百万神を拝みつつ、外国の神とも調和が取れるというユニークさも持っている。民族の根っ子が「平和・共存」の世を作ってきたと言える。歴史的な争いはあったが、大きな殺戮は「近世の戦争時代に限られている」。出来れば、「ケンカをしたくないお人好し民族」と自認している。そのことが、世界でも解ってもらえる日が近付いていると思っているのだが、どんなものだろう。

・世界に真似てもらえる「人間性と人間観」を持っている。

・「人間性豊かな、立派な社会人を育てる」という理念・使命感があれば、全ての問題の解決策は自ずから導き出せるのに。残念ながら、まだそれが出来ていない。

（長）◎◎《霊性の開発と掛け替えのない一人を自覚する人間を育む》

　未来に明るい展望を！　「地球人類のレベルアップ」が、今後進

むと言われている。2000年以降に地球に生まれている人間は、善人度7以上（悪人度3以下）の魂を持っていると言われている。それを満たせない魂は、「地球に生まれられない時代」になったと言われている。

・地球人類のレベルアップに付いて行けない人は、現世で大いに霊性の開発（心を磨き・魂を磨く）に務めることが求められる。

・霊性意識が開発され、レベルアップした人類は、他人の存在と自己との間で、互いに「魂通信」が出来る時代になると言われている。素晴らしい話でないか。

結 び・謝 辞

　1970年頃、私が教員になった頃は、「先輩教員は、後輩を大事に育ててくださった」。正に感謝感謝でございます。土曜日の午後（当時は昼まで授業をした）に"授業研究サークル"が、津々浦々の学校で開かれたものでした。新任教員は、短い教育実習を受けただけで、4月からベテランと同一の授業をして行かねばなりません。それは正味無理な話で、一朝一夕ではベテランの授業は真似られません。授業の技術は、複雑微妙で、学科だけの知識ではとても良い授業になりません。ベテランの授業は、先輩の長い経験に裏付けられた知識と教授技能の総合作品と言った雰囲気のものでした。そこで新米は、早速先輩のありがたいご指導を受けたものです。

　しかるに、今ではそんな文化は、消えてしまいました。"授業研究サークル"の文化は、ほぼ死んだと思われます。今は、それに変わって、教育委員会主催の若干の手当付きで「新任教員研修会」が開かれます。しかし、手当は付いても、個人的フォローが付かないから、その場限りで「先輩教員のありがたい話？をお聞きする」だけでお終いになります。現在の「新任教員研修」で指導の腕を上げるのはほぼ無理と思われます。今では意欲のある人は、「大学院に入って学ぶ」ことになりますが、夜間のコースがあれば昼間教員を勤めながら通えますが、それは環境に恵まれたケースと言わざるをえません。そういう意味では、現職教員の「本物の能力開発」は難しい時代になっています。昔のように先輩と後輩が、学校に残って

「授業研究サークル」活動が許され、奨励される環境が戻ってきたら、その問題は、素晴らしい形で解決することは間違いないと思うのですがね。

　今、政界も、大企業も、大局観を持ったリーダーが居ません。教育界も同じですが、本物のリーダーが出て、「世界の平和」と「個人にとっての生き甲斐のある人生」が両立するような社会に進んで行ければありがたいのですがね。……。リーダー待望論では、現実が前に進みませんから、「ここは、各自が自分の使命を自覚して《より良い教育にアプローチしましょう》」。どうぞ、よろしくお願いします。

《ご協力の謝辞》

　KEL 教育おしゃべり会にゲストでご参加いただいた、ケント・ギルバートさんと、坂田尚子さんに。そして、色々ご協力くださったお知り合いの、内村浩さん、奥田美惠子さん、本田貴士さん、の皆様に篤く感謝します。まことに、ありがとうございました。また、本書の出版にあたりまして、晃洋書房の萩原淳平社長と担当者の阪口幸祐氏に大変お世話になりました。併記して感謝を申し上げます。

　2021年 7 月吉日

KEL 教育おしゃべり会 代表　日 下 和 信

巻 末 注

巻末注）＃1

不当な支配に服さない

「教育基本法」第10条（教育行政）

　教育は、不当な支配に服することなく、国民全体に対し直接に責任を負つて行われるべきものである。

② 教育行政は、この自覚のもとに、教育の目的を遂行するに必要な諸条件の整備確立を目標として行われなければならない。

◎　本条の趣旨

・第１条以下で明らかにされている教育の目的、方針及び基本的諸原則を実現する「手段方法の基礎」としての「教育行政の在り方一般」を示したもの。

・第１項は、教育と国民の関係を規定したもので、教育が国民の信託にこたえて、国民全体に対して直接責任を負うように行われるべきであり、党派的な不当な支配の介入や、一部の勢力の利益のために行われることがあってはならないことを示したものである。

・第２項は、教育行政の在り方を規定したもので、教育行政は、第１項の自覚のもとに、教育の目的を達成するために必要な諸条件の整備確立を期して行われるべきものであることを明らかにしたもの。／以上、（文科省ホームページ）

　この条文にある《不当な支配に服さない》という規定が、想定していなかった組織の支配を許してしまうように働いたのです。《不当な支配に服さない》条項が、文部省の丸投げに乗じて「日教組（または連携した同様の組合）」が不当な支配権を得てしまったのです。今のところ、教育委員長に変わる「（新）教育長」へのリコール権はなく、地方自治体の議会で辞めさせる議事が通るのか、次の「（新）教育長」選任時に首をすげ替えるのか、何か政治的な手段を講じないと「支配が永続化」してしまう可能性が有るのです。教育委員会を変な人間が支配すると「教育を無茶苦茶にしてしまう」ことが国民の目の前に明らかになってい

るのです。これをどう改革するか、大変な問題なのです。

巻末注）＃2
船長の権限と義務　①船長の職務権限
船長とは、特定の船舶の乗組員で、船舶の指揮者であるとともに船主（船舶所有者）の代理人として、乗組員の監督、船舶・積み荷の管理、運航の指揮などについて、法律上多くの権限と義務を有しております

(1)　指揮命令権（船員法第7条）
(2)　懲戒権（船員法第22条）
(3)　強制権（船員法第25〜28条）
(4)　行政庁に対する援助の請求（船員法第29条）
(5)　司法警察員としての職務（刑事訴訟法第190条など）
(6)　船内死亡者に対する処置（船員法第15条）
(7)　戸籍吏の職務（戸籍法第55条）

船長は、海員（船内での船長以外の乗組員）を指揮監督し、かつ船内にある旅客などに対し、その職務を行うにつき、必要な命令をすることができる。
船長は、船内規律を守らない海員を懲戒することができる。懲戒は、上陸禁止と戒告の2種がある。

　船長は、海員、旅客などが、凶器、爆発又は発火しやすい物、劇薬その他の危険物を所持するときは、その物につき保管、放棄などの必要な処置をすることができる。また、船内にある者の生命、身体又は船舶に危害を及ぼすような行為をしようとする海員その他船内にある者に対し、その危害を避けるのに必要な処置をすることができる。
　船長は、海員が雇入契約の終了の公認があった後船舶を去らないときは、その海員を強制して船舶を去らせることができる。
　船長は、海員・旅客などが人命や船舶に危害を及ぼしたり、船内の秩序を著しくみだすような場合、必要があると認めたときは、行政庁の援助を求めることが

できる。

（明和海運（株）のホームページより、加工・抜粋）

巻末注）＃3

『国防と教育　自衛隊と教育現場のリーダーシップ』竹本三保著、PHP 研究所、2021年。

巻末注）＃4

『日本がもっと好きになる　誇りある日本の歴史を学ぼう！』一般財団法人　日本教育再生機構。☎03-3835-2435。平成24年（2012年）。

《著者紹介》

日 下 和 信（くさか　かずのぶ）

元大阪キリスト教短期大学教授。有限会社日下教育研究所（KEL）、所長。専攻は、物理学で、短大の初期は、科学教育を研究したが、後30年以上、分野を広げ「授業研究」を進め《解り易い授業》を追求した。またここ20年位水害対策についても調査している。著書は、『ザウルス　何ができるか　どう使うか』

ロバート・D・エルドリッヂ（エルドリッヂ研究所・代表）

1968年、米国生まれ。パリ留学を経て、米リンチバーグ大学の国際関係学部を卒業してから90年来日。兵庫県多可町町立中学校の初 ALT。99年、神戸大学より政治学博士号取得。サントリー文化財団研究員、大阪大学准教授、在日海兵隊基地外交政策部次長を経て現職。『トモダチ作戦』集英社、『教育不況からの脱出』晃洋書房など多数。詳細、http://www.robertdeldridge.com/

竹 本 三 保（たけもと　みほ）

元海上自衛官（１等海佐）。退職後、民間人校長公募に応募して、大阪府立狭山高等学校、校長５年。引き続き奈良県教育委員会事務局、参与３年。引き続き教育に携わりたいとの思いから、竹本教育研究所、代表として独立しました。中学の頃から、将来「国防と教育」に従事したい希望があって、その線に沿って頑張ってきました。著書は、『任務完了』と『56歳の青春宣言』と『国防と教育　自衛隊と教育現場のリーダーシップ』

文科省は、イジメを解決できるか？
——民間教育白書——

2021年11月20日　初版第１刷発行　　＊定価はカバーに表示してあります

編　者　　KEL教育おしゃべり会©

発行者　　萩　原　淳　平

印刷者　　江　戸　孝　典

発行所　株式会社　晃　洋　書　房
〒615-0026　京都市右京区西院北矢掛町７番地
電話　075 (312) 0788番㈹
振替口座　01040-6-32280

装丁　吉野　綾　　　　印刷・製本　共同印刷工業㈱

ISBN978-4-7710-3564-5